KB235395

오늘을 희망으로 바꾸는 긍정 행동

나는 행복을 미루지 않기로 결심했다

나는 행복을 미루지 않기로 결심했다

초판 1쇄 인쇄   2014년 8월   5일
초판 1쇄 발행   2014년 8월 10일

지은이   하우석
그림   미호
편집   김영혜

발행인   곽철식
발행처   다온북스

출판등록   2011년 8월 18일 제110-92-16385호
주소   서울시 은평구 갈현동 327-132 301호
전화   070-7516-2069   팩스   02-332-7741

종이   상산 페이퍼
인쇄와 제본   (주)M프린트

값   14,000원
ISBN   979-11-85439-19-8 13320

오늘을 희망으로 바꾸는 긍정 행동

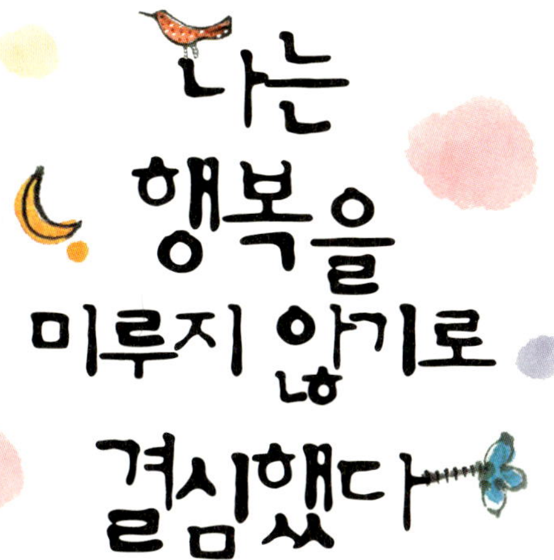

나는 행복을 미루지 않기로 결심했다

| 하우석 지음 |

다온북스
DAON BOOKS

지금 '행복' 하신가요?

"마음 편하면 그게 천국이여."

돌아가신 할머님으로부터 자주 듣던 말입니다.

'천국, 그거 죽어야 갈 수 있는 데 아닌가?' 코흘리개 어린 시절엔 그 뜻을 전혀 몰랐지요. 물론, 중고등학교 시절에도 긴가민가 했습니다. 어리둥절해 하는 저를 아랑곳하지 않고 여전히 할머니는 말씀하셨지요.

"돈, 명예 뭐 그딴 거 다 필요 없어. 마음 편하면 바로 거가(거기가) 천국이여."

이제 쉰을 바라보는 나이가 되니 할머니의 그때 그 말씀이 정말 옳다는 생각이 듭니다. 아니, 그 의미가 가슴에 절절히 녹아 흐릅니다.

살아보니 정말 그렇습니다. 마음에 평안이 깃들어 있을 때는 이 세상 그 어느 것도, 그 누구도 부럽지 않습니다. 이 세상을 다 가진 사람이 됩니다. '이 순간이 영원했으면' 합니다. 그러다 불시에 외부로부터 어떤 자극이나 내면의 문제로 인해 마음이 시끄러워지면 180도 바뀌고 맙니다. 한없이 달콤하기만 했던 평안의 시간은 깨지고 우리 마음속으로 온갖 괴상망측한 감정들—시기, 질투, 절망, 좌절, 두려움—이 한꺼번에 쏟아져 들어옵니다.

마음은 벌집이요, 몸은 만신창이가 되고 맙니다.

언제부턴가 저는 인사말 목록에 하나를 새로 추가했습니다.

"평안하시죠?"

물론, '안녕하세요, 잘 지내셨어요, 오랜만이에요' 등의 인사말도 씁니다만 최근 들어서는 '평안하시죠?'라는 인사말을 더 자주 사용하게 됩니다. 진정 상대의 평안을 바라는 마음으로 말이죠.

평안(平安)함이란 무엇일까요?

어느 한편으로도 기울어지거나 치우치지 않음으로써 가장 안정된 상태를 말하죠. 이걸 우리 삶에 적용하면, 이런저런 사물과 사건에 얽매이거나 휘둘리지 않은 채 몸과 마음이 완벽하게 치유되고 회복된 상황을 말합니다.

평안함을 하나의 이미지로 형상화 해보자면 이렇습니다. 따스한 햇빛, 부드러운 바람, 아름다운 풍경 속에 모든 사물은 평화롭게 제 자리를 지키고 있습니다. 몸은 그 자연의 일부가 되어 한 자리에 편히 누워 있습니다. 그 어떤 방해나 자극도 없고 그저 영원 속의 한 점처럼 아무런 흔들림 없이 고요한 상태입니다.

나이가 조금씩 들어갈수록 이런 평안함이야말로 인간이 살아가는 데 있어 가장 소중한 가치란 걸 깨닫게 됩니다. 제아무리 많은 재물과 귀한 자리를 차지했다 한들, 일상에 평안이 깃들어있지 않다면 행복한 삶은 그저 한낱 꿈이 되고 맙니다.

불행에 휩쓸려버리기 전에

평안이 깨져 없어져버리고 나면 그 자리를 무서운 괴물들이 차지하게 됩니다. 그 녀석들은 상상을 뛰어넘는 흉측한 계략을 품고 있습니다.

바로 이런 것들이죠.

남과 비교하기, 자신감 떨어뜨리기, 외부 자극에 격분케 하기, 처지나 상황을 비관하기, 심신을 무기력화 하기, 삶을 무가치한 것으로 몰아가기.

대한민국 최고의 여배우로 손꼽히는 여인이 스스로 목숨을 끊었을 때 수많은 사람들이 충격에 휩싸였지요. 그녀가 CF에 등장만 했다하면 해당 제품의 매출이 두 배씩 오른다던 전설의 광고 모델이었는데. 그렇게 대중과 기업으로부터 사랑을 한 몸에 받던, 보통 월급쟁이는 상상도 못할 거액의 재산을 모은 그 부자 연예인이. 대체 왜, 대체 무엇이 그녀로 하여금 비극적인 결말을 선택하도록 했을까요? 바로 '평안의 부재' 때문입니다. 마음속의 평안이 모두 깨어져 산산조각이 난 이후 그녀에게 인기와 부, 명예 따위는 그저 한낱 물거품이었던 것입니다.

이뿐인가요. 우리는 국내 최고 기업의 경영자가 서울 한복판 자신의 사옥 그것도 자신의 집무실 유리창 밖으로 뛰어내린 비극도 생생히 기억합니다. 누구나 한번쯤은 꿈꿔봤을 자리. 대기업 회장. 그러나 수많은 이들의 선망의 자리로부터 그는 한 순간에 자신의 모든 짐을 벗어던져버렸습니다.

역시 마음속에 평안이 깨져버렸기 때문입니다.

정도의 차이는 있겠지만, 이런 비슷한 일들은 우리 주변에서 얼마든지 찾아볼 수 있습니다.

'여지껏 뭐 하나 제대로 해낸 게 없어. 내가 봐도 이놈의 인생, 한심해.'

‘먹고살자고 하긴 하지만, 지금 난 정말 쓰레기 같은 일을 하고 있어.’

‘막막할 뿐이야. 아무런 비전도 희망도 없어. 그저 세월만 흘려보낼 뿐이야.’

‘내 삶이 나아질 수 있다고? 그게 과연 가능한 일일까?’

이런 생각들이 불쑥 찾아들 때가 있지요.

보통 우리가 쓰는 말 가운데, ‘불행해’, ‘불쾌해’, ‘불안해’, ‘화가 나’ 같은 것들이 바로 평안이 깨지고 있음을 알리는 경고음입니다. 이때 재빨리 알아차리고 대응을 하지 않으면 예기치 못한 불행이 금방 목까지 차오르게 됩니다. 폭우가 쏟아지면 얕은 계곡물이 삽시간에 불어나 사람을 삼켜 쓸어가지요. 마음의 고삐를 순간 놓치면 우리 마음도 그렇게 급류에 휩쓸려버릴 수 있습니다.

비록 남들에 비해 조금 적게 갖고, 조금 낮게 자리한다 하더라도 늘 평안함 속에 살아간다면 그것이 곧 행복한 삶일 것입니다.

지난 10여 년 동안 행복에 관한 수많은 글을 접해왔습니다. 그중 가장 가슴에 와 닿았던 건 바로 달라이 라마의 이 한마디입니다.

“행복이란 마음의 고요(Tranquil of mind)다.”

마음의 고요란 곧, 평안함을 뜻하며 평안함이란 결국 행복과 같다는 등식이 성립됩니다.

지금 이 글을 쓰고 있는 저에게 뚜렷한 소명이 하나 있다면 그 것은 여러분 내면의 상처가 치유될 수 있도록, 또한 각자에게 주 어진 비전의 길을 당당히 걸어갈 수 있도록 여러분에게 조금이나 마 위안과 격려와 힘이 되어드리는 것입니다. 궁극적으로는 '아, 나는 행복한 사람이구나' 하고 느끼게 해드리는 것입니다.

이 책 〈나는 행복을 미루지 않기로 결심했다〉는 제가 크리스천 으로서 느끼고 경험한 내용들을 가감 없이 썼다는 점을 미리 밝 힙니다. 그렇지만 종교적인 의미보다는 평범한 일상 속에서 또 는 놀라운 사건을 겪으면서 행복의 의미를 찾아가는 과정, 그리 고 언제일지 모르지만 인생의 마지막 날까지 행복하게 살다가 행 복하게 죽으리라는 굳은 다짐을 마음 가는 대로 담담히 써내려간 글입니다.

작은 소명과 벅찬 기대를 안고 여러분 마음의 문을 살짝 두드려 봅니다.

하우석

오늘은 내 인생 최고의 날입니다

당연한 것
당연하지 않은 것

의사의 표정이 굳어졌다.

청진기를 대는 손놀림이 분주해지기 시작했다. 그러고는 안경을 고쳐 쓰며 그가 말했다.

"아무래도 큰 병원에 가 보셔야 할 것 같습니다. 심잡음이 크게 들립니다."

의사는 이 말 이후에도 이런저런 말을 계속 들려주었다. 그런데 내 머릿속엔 오직 두 개의 낱말만이 계속 왕왕거리며 맴돌았다.

'큰 병원, 심잡음, 큰 병원, 심잡음, 큰 병원, 심잡음….'

돌아서는 나의 손에는 의사가 적어 준 쪽지 하나가 들려 있었다. 서울에서도 가장 크고 유명한 종합병원의 이름, 소아심장과 ○○○, 그리고 전화번호.

대수롭지 않은 척하려고 했지만, 쪽지를 든 손은 이미 떨리기 시작했다.

마음을 달래보고자 내려다 본 딸 아이의 얼굴은 연신 방긋거리고 있었다.

'이 여리기만 한 어린 아이의 가슴 속에서 지금 대체 무슨 일이 벌어지고 있는 건가. 들려서는 안 될 잡음은 왜 들리는 건가. 얼마나 안 좋은 걸까. 큰일은 아니겠지. 하지만 많이 안 좋으면 어쩌지….'

이렇게 생각은 꼬리에 꼬리를 물고 이어졌다. 그날 밤에도, 다음날 밤에도.

너무나 당연한 것. 과연 세상에 그런 게 있을까?

그런데 우리는 수많은 것들을 그저 '당연한 것'으로 여기며 살아간다.

부모님이 나를 건강하게 키워주신 것? 당연하지!

학창시절 훌륭한 선생님으로부터 많은 것들을 배우고 성장한 것? 당연하지.

직장을 구하고 주어진 일을 하는 매일 매일의 삶, 세상 사람 누

구나 다 하는 일, 당연하다.

적당한 시기가 되어 배우자를 만나고 또 아이를 낳아 기르는 것? 당연해.

나와 가족 모두 건강하게 살아가는 것. 너무도 당연한 것 아닌가. 주말에 휴식을 취하고, 자연을 즐기고, 가끔씩 좋은 친구들을 만나 유쾌한 시간을 보낸다. 이것도 당연하다.

그렇다. 우리는 우리가 살아가며 누리는 모든 것들에 대해 단 한 번의 의심도 없이 그저 당연한 것으로 받아들인다. 어쩌면, 내가 갖고 있는 능력 이상으로, 나의 바람 이상으로 차고 넘치게 누리고 있는 것인지도 모른다. 그런데 우리는 이 모든 것을 너무나도 '당연하게' 여긴다.

나야말로 이 세상 그 누구에게 뒤지지 않는 대표적인 '당연주의자'였다. 나에게 주어진 좋은 환경과 수많은 기회들, 크고 작은 성취, 성과물들, 그 밖의 모든 것들은 말 그대로 당연하게 받아들였다. 대학교를 졸업하고, 좋은 직장을 다닌 것, 사업체를 운영한 것, 지금은 교수가 되어 학생들을 가르치고 있는 것까지. 그 모든 것을 나는 당연히 누릴 자격이 있다고, 또 그것을 누리는 것이야 말로 당연히 나다운 삶이라고 생각해왔다. 때가 되어 결혼을 했으니, 아이를 가져야 하고, 그 아기는 나의 바람대로 건강하게 잘 자라주는 것. 이 정도는 특별히 바랄 필요도 없는 또 하나의 당연한 일일 뿐이라 생각했다.

그러나 아니었다. 나의 생각은 처음부터 잘못된 것이다. 나에게 주어진 모든 것은 당연한 게 아니었다.

내가 좋은 가정에서 태어나 건강하게 자란 것. 대학 다닐 때까지 큰 어려움 없이 교육받을 수 있던 것. 슬기로운 아내를 만나게 된 것. 사랑스런 딸을 얻게 된 것. 이 모든 것은 결코 당연하게 나에게 흘러들어온 것이 아니었다. 그것은 모두 하나님의 은혜였던 것이다. 그렇지 않고서야, 그렇게 많은 행운이 연달아서 나에게 일어날 수 있었을까.

딸을 안고 거대한 병원 빌딩 안으로 걸어 들어갔다. 심판대 앞에 서는 피고인처럼 발걸음은 무거웠고, 가슴은 졸여왔다.

의사로부터 들은 이야기는 내가 예상한 시나리오 중의 하나였지만, 결과는 마음을 아프게 했다.

아이에게는 분명한 문제가 있었다. 심장에 있어선 안 될 구멍이 있었다. 초음파라는 기술은 그 구멍을 가슴시리도록 명확하게 내 눈 앞에 드러내 보여주고 있었다. 심장을 이루고 있는 벽이 하필이면 한 지점에서 꼭 다물어지지 않은 모양새였다.

‘왜 이렇게 되었을까. 대체 왜. 내가 저 구멍을 막아줄 수는 없었을까. 지금이라도 어떻게 할 수 없을까. 저 구멍을 내 심장으로 옮길 수 있다면… 대체 왜 아이의 가슴에 구멍을 내셨습니까. 하나님.’

나는 어느새 하나님을 원망하고 있었다.

지금 돌이켜 생각해보면 참으로 우스운 나의 모습이다. 하나님을 전적으로 믿고 의지하는 삶을 살지도 않은 주제에, 자신에게 주신 축복에 단 한 번도 감사하지 않은 주제에, 뻔뻔하게 그럴 자격도 없는 내가 하나님을 원망하고 있었던 것이다.

‘하나님, 대체 왜 이 아이에게 이러신 겁니까. 대체 이유가 뭡니까?’

나는 따지듯이 물었다.

너무나 많은 이들이 신앙 간증을 통해 ‘하나님의 말씀을 들었다’고 하는데, 나는 대답은커녕 그분의 숨소리조차 들을 수 없었다.

‘대체 왜 묵묵부답이십니까. 남들에겐 답을 척척 해주시면서.’

조롱하듯이 푸념했다.

지금 돌이켜보면, 내가 구하는 답은 아니었지만 분명 하나님은 내게 답을 주셨음을 알 수 있다. 남들 앞에서는 물론, 마음속으로도 기도할 줄 몰랐던 내가 간절한 마음으로 기도를 드렸다. 주변

에는 아무도 없었다. 오직 나만의 공간에서. 그럼에도 내 얼굴은
화끈거렸고, 심장은 떨렸다. 쑥스럽고 창피했다. 나답지 않은 모
습이었기 때문이다. 그렇게 나는 떨리는 목소리로(실제로 입 밖으
로 나온 목소리는 아니지만) 기도했다. 하소연이었고, 투정이었지
만, 간절했다.

'하나님, 아무것도 모르는 저의 딸을 위해 기도 드립니다. 하나
님, 저 아이의 고통을 헤아려주십시오. 손을 베이면 새살이 돋아
납니다. 상처가 아물게 됩니다. 저 아이의 심장도 그렇게 아물게
해주십시오. 어떻게 그렇게 한번 해주시면 안 될까요. 의사는 안
된다고 하지만, 하나님은 그 모든 것을 이루시는 전능하신 분이니
까요.'

여러 차례 소원을 빌었지만 아무런 답도 변화도 없었다. 참을성
없는 나는 곧 하나님과의 대화를 끊었다. 아무런 응답이 없으니
'이젠 나도 지쳤어'라는 심정으로.

어른으로서도 초보, 아빠로서도 초보, 크리스천으로서도 초보,
온통 초보딱지 투성이인 나는 의지할 곳을 잃은 채 방황하기 시작
했다.

"한 군데만 더 가보자. 다른 이야기를 들을 수 있잖아."

나와 아내는 두 번째 큰 병원을 나오며, 서로를 위로해야만 했다.

20..

이번 의사는 더 했다. 단번에 너무도 냉정하게시리 '수술해야 합니다'라고 잘라 말했다. 그것도 개심수술을 해야 한다며. 제대로 된 치료를 위해서는 칼로 가슴을 한 뼘만큼이나 베어야 한다는 것이다.

'이렇게 조그맣고 연약한 아이의 가슴을 열다니, 더군다나 여자아이인데.'

'수술은 잘 진행될 수 있을까. 팔다리도 아닌, 심장인데 괜찮을까.'

'나중에 철이 들거나 사춘기 때, 자신의 상처를 들추면서 자신을 혹은 엄마 아빠를 원망하게 되지는 않을까.'

마음은 점점 무거워져만 갔다.

세 번째 의사, 이번 의사 선생님은 달랐다. 작지만 희망의 불씨 하나를 안겨 주었다.

"지금 수술을 할 수도 있지만… 만일 이 아이가 내 조카라면 더 기다려보자고 할 겁니다. 그래요. 우리 몇 년 더 지켜봅시다. 주기적으로 저한테 와서 검진 받으세요. 그냥 신체검사 받는다는 기분으로 오세요. 스트레스 받지 마시고. 부모님이 스트레스 받으면 애한테도 안 좋으니까요."

의사 선생님은 그 순간 우리 가족의 마음까지 치유해주었다.

‘조카라면’ 이렇게 하겠다. ‘우리’ 더 지켜봅시다. 이렇게 말해 주는 의사 선생님이 한없이 고마웠다.

그렇게 몇 년이 흘렀다. 다행히 아이는 특별한 이상 징후 없이 잘 자라주었다. 오히려, 다른 아이들보다 발육상태가 좋았다. 유치원 때는 자기네 반 안에서 가장 키가 클 정도였다.

또 시간이 지나 초등학생이 되었을 무렵의 일이다.

신경과 전문병원장이신 매형이 병원의 규모를 늘리면서, 심장외과 전문의 선생님이 합류하게 되었다. 매형의 권유로 그곳에서 심장진료를 받게 된 날이었다. 오 이런 일이 일어나다니!

심장전문의는 초음파 영상을 턱 보더니 아무렇지도 않게 이런 말을 했다.

“괜찮은데요. 여기 원래 구멍이 이렇게 있잖아요.”

그렇다. 그곳엔 분명 구멍이 있었다. 수십 번을 봤고, 내 머리 속에서 수백 번 넘게 떠올렸던 장면.

“그런데 그 위로 이렇게 막이 덮여 있네요.”

그는 오른 손을 오목하게 오므리며, 설명을 이었다.

“캡처럼 생긴 막이 구멍을 막고 있는 거죠. 요기 요렇게… 보이시죠?”

그렇다. 내 눈에도 분명 그 캡 모양의 막이 보였다.

"이 상태라면 아무 문제없어요. 수술 같은 것도 필요 없고요. 기능은 똑같이 합니다. 그냥 좀 모양이 다르구나 정도로 생각하시면 됩니다."

말이 막혔다. 거기서 무슨 말이 필요하랴.

의사는 덤덤했다. 그동안의 과정을 하나도 모르니까.

나는 미칠 듯 기뻤다. 나와 아내, 그리고 딸아이에게 기적이 일어났으니까.

'오, 감사합니다!'

우리의 여행길은 변화무쌍하다. 푸른 들판이 있는가 하면, 높다란 산맥도 있다. 따스한 햇살이 온 몸을 감싸줄 때도 있고, 매서운 칼바람이 몸속으로 파고들 때도 있다. 따스한 햇살을 받으며 푸른 들판을 여행할 때 우리는 그 상황에 대해 감사함을 느끼기보다는 그저 당연한 현상으로 받아들인다. 그러다 매서운 칼바람을 맞게 되면, 게다가 그 와중에 높다란 산에라도 올라야 하는 상황이 생기면 세상이 끝난 듯 한숨을 내쉬며 불평불만을 쏟아낸다.

긍정적인 면을 보기보단 부정적인 면을 보는 데 익숙한 우리네 습관 때문이다.

직장 생활에서도 마찬가지다. 출근할 직장이 있다는 것, 나에게 주어진 일이 있다는 것, 동료가 함께 해주는 것, 일을 통해 자신이 조금씩 성장하고 있는 것 등. 아무리 사소할지라도 주어진 모든 것에 감사할 수만 있다면, 그 어떤 고난과 시련일지라도 담대히 이겨낼 수 있으리라.

기적을 체험한 그날 나는 병원 문을 나서며 마음속으로 이렇게 되뇌었다.

'당연하게 여길 수 있는 모든 것들을 그저 당연한 것으로 여기지 않겠습니다. 제가 그동안 당연하게 여겨온 모든 것들이 저에게 주어진 은혜요, 축복임을 잊지 않겠습니다. 늘 감사가 넘치는 삶을 살겠습니다.'

행복한 삶을 사는 사람의 비결은 자신의 주변 모든 것에 감사 태그를 다는 것이다. 감사 태그가 노란 색이라면 노란 물결이 넘실대는 우리네 삶을 만들어야 한다. 감사 태그가 꽃이라면 온갖 아름다운 꽃들이 만개한 아름다운 정원으로 우리 일상을 채워야 한다.

여러분 주위에는 감사태그가 몇 개나 달려있는가. 감사의 물결
이 일렁이는가. 감사의 향기가 그득한가.

‘빽’도 없고 줄도 없지만

자신의 줄이나 ‘빽’을 내세우는 사람을 종종 만난다.

교수로 임용된 지 얼마 안 된 즈음의 일이다. 서로에 대해 아직 잘 알지도 못하는 사이인데 한 동료 교수가 이렇게 말하는 게 아닌가.

“나한테 잘 하세요, 그럼 모든 게 편해질 게요. 나는 그런 힘을 갖고 있으니….”

황당해서 말문이 콱 막혔다.

한마디로 자기 뒤에는 든든한 빽이 있다는 말이었다.

그가 어떤 근거로 그런 말을 했는지 나는 확인하지 않았다. 솔직히 어떤 빽이 있는지 궁금하지도 않았고, 거리를 둬야 할 사람이라고 판단했기 때문이다. 간혹 들리는 소문에 의하면 그가 윗선 누구와 닿아있고, 누구와 친분이 있고 등등 말들이 많았지만 나는

그런 떠도는 얘기 따위에 현혹되고 싶지 않았다. 나는 여태까지 그렇게 누군가의 힘에 휘둘리며 살아오지도 않았고, 또 더군다나 확인되지도 않은 그런 위협성 멘트에는 일절 반응하지 않고 살아왔기 때문이다.

그동안 나의 이런 생각과 행동을 이끌어준 것은 '자신감'이었다. 심리학 이론에 의하면, 자신감이란 두 가지로 구성되어 있다. 하나는 자기 능력에 대한 믿음이요, 다른 하나는 자기 가치에 대한 평가이다. 더 간단히 말하자면, 자신감은 '자기 신뢰'와 '자기 존중'의 합이다. 즉, 나는 나의 능력을 신뢰하며, 나를 존중해왔다는 말이다. 그게 지금까지의 나를 지켜준 자신감이었다.

그러나 나는 언제부터인가 그 자신감이 해주던 역할을 겸허히 내려놓았다. 그것은 내 자신감이 할 수 있는 일이 아니다. 자신감은 그저 나의 방어책일 뿐, 그 자체가 힘을 발휘할 수는 없다. 어쩌면 외부의 자극과 공격으로부터 나를 보호하고, 상처를 받지 않으려는 몸부림에 지나지 않았는지도 모른다. 그 효력은 곧 수명을 다한다는 것을 체험을 통해 시나브로 깨닫게 되었다.

이제 하나님의 보호하심이 그 자리를 대신한다. 하나님은 오직 나 하나를 위해 모든 힘을 다해 나를 지켜주시는 분이다.

그는 목자같이 양 무리를 먹이시며 어린 양을 그 팔로 모아 품
에 안으시며 (이사야 40: 11)

어린 양을 팔로 감싸 안아주는 목자와 같이 하나님은 나를 그
넓고 따뜻한 가슴으로 감싸 안아주신다. 나는 그 평온함 가운데
마음 놓고 먹고 숨 쉬며 살아가는 것이다.

어린 양에게 가장 든든한 양육자이자 후원자는 목자이다. 나에
게는 역시 하나님이 그 역할을 다 해주신다. 나를 키우신다. 나를
지키신다. 나를 위해 모든 것을 내어주신다.

하나님은 나의 빽이다. 가장 든든한 빽. 이 세상에서 가장 돈 많
은 사람, 가장 힘 있는 사람, 가장 지혜로운 사람 수백 수천 명을
모아 놓아도 도저히 상대조차 되지 않는, 광대한 스케일의, 거대
한 세력의 유일한 분이시다. 그런 분이 나의 곁에 24시간 머무신
다. 오직 나를 보호하기 위해.

이런 사실을 왜 이제야 깨닫게 되었을까. 조금 더 일찍 알았더
라면, 그 수많은 두려움 앞에서 떨지 않았을 텐데, 그 많았던 시련
앞에서 좀 더 담대했을 텐데, 이토록 푸근한 평온함의 기운을 일
찍부터 누려왔다면 얼마나 좋았을까. 하지만 이런 투정은 그만두
련다. 아마, 내 능력만을 믿고 까불고 건방지게 굴었던 그 시절의

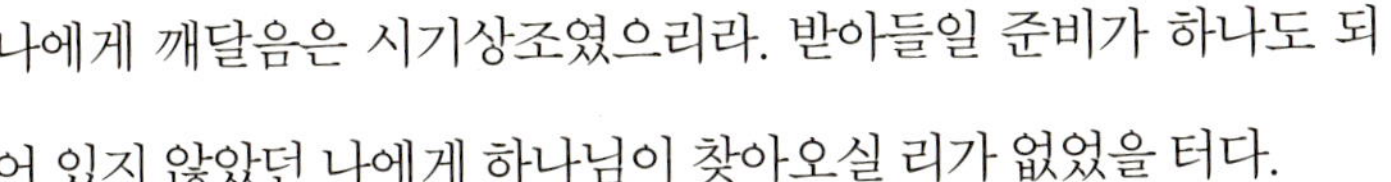

나에게 깨달음은 시기상조였으리라. 받아들일 준비가 하나도 되어 있지 않았던 나에게 하나님이 찾아오실 리가 없었을 터다.

인간의 한계일까. 가끔은 이토록 든든한 빽이 있으면서도 힘이 쭉 빠져 지낼 때가 있다. 사람에게 상처받고, 계획했던 일이 틀어지고, 마음속엔 고독과 슬픔이 가득하고, 내일이 희망보다 절망으로 다가오고.

너는 알지 못하였느냐 듣지 못하였느냐 영원하신 하나님 여호와, 땅끝까지 창조하신 자는 피곤치 아니하시며 곤비치 아니하시며 명철이 한이 없으시며 피곤한 자에게는 능력을 주시며 무능한 자에게는 힘을 더하시나니 (이사야 40:18~19)

내가 나락으로 떨어질지라도 하나님은 나를 그냥 바닥에 부딪쳐 깨어 조각나도록 내버려두시지 않는다. 추락하는 나에게 날개를 붙여주신다. 사뿐히 내려앉을 수 있게, 힘을 내어 초원 위를 다시 날아오를 수 있도록 해주신다.

직장생활에서 겪는 고통은 크게 두 가지다. 육체가 겪는 고통과 영혼이 겪는 고통. 육체적 고통은 어쩌면 그 방어와 통제가 상대적으로 쉽다. 왠만한 피로와 병은 적당한 처방과 투약으로 금세 잦아든다. 그런데 영적인 영역에서의 피로와 고통은 자신은 물론, 주변 사람의 어떤 도움으로도 잘 치유되질 않는다. 간혹, 정신과 진료나 심리 치료 등이 도움이 되기는 하지만, 근본적인 치유는 어렵다.

두려워 말라 내가 너와 함께함이니라 놀라지 말라 나는 네 하나님이 됨이니라 내가 너를 굳세게 하리라 참으로 너를 도와주리라 참으로 나의 의로운 오른손으로 너를 붙들리라 (이사야 41:10)

하나님은 치유하신다. 가장 편하고 기분 좋은 상태로 회복시켜주신다. 흥겨운 음악을 들으며 들판을 걸을 때의 상쾌한 기분을 만들어주신다.

영문 성경 속에서 특히 이 말씀들이 가슴에 새겨진다.

'I am with you.'

'I am your God.'

'I will strengthen you and help you.'

지금 이 순간, 하나님은 나와 함께 계신다. 그 하나님은 오직 나의 하나님이시다. 그분은 나를 강하게 만드신다. 그 어떤 일이든 나를 도와주신다.

보라 네게 노하던 자들이 수치와 욕을 당할 것이요 너와 다투는 자들이 아무것도 아닌 것같이 될 것이며 멸망할 것이라 네가 찾아도 너와 싸우던 자들을 만나지 못할 것이요 너를 치는 자들은 아무것도 아닌 것같이, 허무한 것같이 되리니 (이사야 41:11)

하나님이 지명하여 부른 나를 지키시고 강하게 하시고 도우시는 나를 누가 감히 나와 다투고 나를 공격하겠는가. 만일 그런 자가 나타난다면, 하나님은 그 자를 '아무것도 아닌 것'으로 만드실 것이요. 그를 '멸망시킬' 것이라고 약속해주셨다.

이런 나를 누가 감히 건드리기나 할 수 있을까. 역시 나에겐 너무나 분에 넘치는 영원불멸의 초강력 빽이다.

감사의 길

지난 주말에는 산에 올랐다. 두 가지 목적으로.

하나는 말 그대로 등산, 산에 오르는 목적. 다른 하나는 감사하기 위해서. 내가 주로 오르는 코스대로라면 5~6시간이 걸린다. 그 시간을 모조리 '감사'로 채우는 것이다. 한마디로 감사의 향연, 감사의 축제, 감사의 날이다.

주차장에 차를 대고, 표를 끊는다. 이제 시작이다.

아, 이렇게 상쾌한 공기를 주서서 감사합니다.

공기를 마음껏 들이마실 수 있는 건강한 코와 입, 그리고 폐를 주서서 감사합니다.

튼튼한 두 다리를 주서서 감사합니다. 이렇게 산을 오를 수 있

으니까요.

멋들어지게 자란 나무와 초록이 예쁜 나뭇잎, 붉게 빛나는 꽃들. 이토록 아름다운 자연을 선물해주셔서 감사합니다.

멋진 광경을 있는 그대로 보고 느낄 수 있도록 건강한 눈을 주셔서 감사합니다.

이렇게 편안한 마음으로 산으로 향할 수 있는 여건을 허락해주셔서 감사합니다. 마음은 간절한데 시간을 내지 못하는 사람이 얼마나 많습니까. 저에게 베풀어주신 마음의 여유, 시간의 여유, 모두 감사드립니다.

지저귀는 새소리를 듣고 그 아름다움에 취할 수 있는 귀와 그 감수성을 주셔서 감사합니다.

이렇게 감사할 수 있는 마음을 주셔서 감사합니다. 하나님의 은혜를 다는 아니지만 이렇게 하나둘 깨우쳐주심에 감사드립니다.

제가 갖고 있는 작은 능력이지만 그것을 발휘할 수 있는 귀한 일과 아름다운 기회를 주심에 감사드립니다.

주제 넘는 일이라 생각하며 주저했던 길, 작가로서 새로운 삶을 살 수 있게 해주셔서 감사합니다.

글을 쓰는 의미와 재미를 알게 해주셔서 감사합니다.

좋은 편집자와 출판 관계자를 알게 해주셔서 감사합니다.

그들과 한마음으로 책을 낼 수 있도록 해주심에 감사합니다. 그 책이 너무도 감사하게 많은 독자들에게 읽히고 있습니다.

독자와 저의 마음을 이어주심에 감사합니다. 그런 책들로 인하여 새로운 인생의 즐거움을 만끽할 수 있도록 해주셔서 감사합니다.

매일 활기 넘치는 대학생들과 만나 지식과 경험을 나누고 인생에 대해 도란도란 이야기 나눌 수 있게 해주심에 감사드립니다.

학교라는 테두리 안에 거하면서 저 역시 많은 배움과 깨달음을 얻을 수 있게 해주심에 감사합니다.

누군가를 가르치는 일이 얼마나 소중하고 가치 있는 일인지 깨닫게 해주셔서 감사합니다.

그 깨달음에 따라 저를 새롭게 다듬어가고자 하는 마음을 주셔서 감사합니다.

훌륭한 동료 교수님을 알게 해주셔서 감사합니다.

낯선 고장, 낯선 직장, 낯선 동료들, 온통 낯선 곳에서 좋은 말씀을 주시고, 때로는 위로와 격려가 되어주시는 고마운 교수님들이십니다. 이 모든 것이 하나님의 은혜임을 고백합니다.

가족의 건강을 허락해주셔서 감사합니다.

저의 가정 안에 웃음과 온기가 넘치게 하심을 감사합니다.

부족하지만 서로 보듬어주고 서로 사랑할 수 있는 아름다운 마

음을 주셔서 감사합니다.

제 딸아이의 아픈 심장을 능력의 손으로 만져주시고 고쳐주심을 감사드립니다.

그것은 하나님께서 보여주신 하나님의 임재하심 그 자체였습니다.

하나님이 아니고서는 그 누구도 해낼 수 없는 일이었습니다. 하나님께 깊은 감사드리지 않을 수 없습니다. 정말 감사합니다. 하나님.

중턱쯤에 이르러 잠시 휴식을 취했다.

'감사할 게 참으로 많구나. 이렇게 감사할 게 많다는 것도 감사드릴 일이네.'

이렇게 나의 감사 산행은 예정한 대로 6시간 동안 이어졌다. 산길을 벗어나 평지로 내려온 나는 마치 구름 위를 걷는 듯했다. 가슴은 터질 듯 벅차올랐다.

'나의 삶이 이렇게 풍요로웠다니. 그동안 이걸 제대로 모르고 살았구나.'

그랬다. 나의 삶은 감사할 것 투성이었다. 지나온 삶의 매 순간이 감사할 것들이었다. 나를 가르쳐준 선생님들, 언제나 나의 곁에 있어주었던 고마운 친구들, 직장의 모든 동료들, 나의 성장의 발판이 되어준 수많은 기회들, 그 기회를 제공해준 수많은 고마운 사람들. 복잡하고 까다롭기만 한 기획 업무를 아주 쉽게 가르쳐주신 직장 선배들, 나의 모든 삶을 놓고 새벽마다 엎드려 간절히 기도해주신 어머니. 나에게 자립과 봉사의 정신을 바르게 세워주신 아버지. 풍요로운 유년시절을 보낼 수 있도록 해주신 조부모님. 어려울 때나 즐거울 때나 한결같이 내 곁에서 나를 믿어주고 격려해준 지혜로운 아내, 그 아내의 한마디 한마디. 건강하게 귀엽게 사랑스럽게 잘 자라주는 딸 아이.

나를 둘러싼 모든 것, 사람, 물건, 사건, 말, 행위, 생각 등 모든 것이 감사할 대상이다.

감사와 걷기는 제법 잘 어울린다. 가만히 앉아 있을 때에는 무언가에 집중해야만 한다. 일을 하거나 계획을 세우거나 하는 행동에 익숙해져 있다. 그런데 잠깐이라도 걸을 때에는 훨씬 자유로운

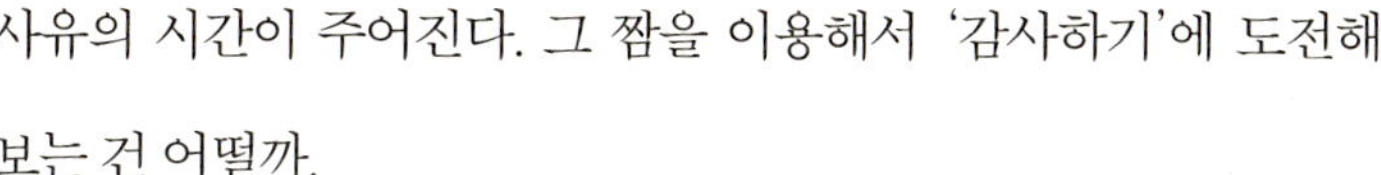

사유의 시간이 주어진다. 그 짬을 이용해서 '감사하기'에 도전해 보는 건 어떨까.

나는 내 연구실에서 화장실로 가는 복도를 '감사의 길'로 명명했다. 한 3~40미터쯤 될까. 그 길을 오갈 때 나는 단 한 가지라도 감사거리를 찾아내 감사를 표한다. 아무리 사소한 것일지라도.

학생과의 상담을 마친 후 '감사의 길'을 걸으며 나는 이렇게 감사드렸다. '학생의 마음속에 저에 대한 신뢰를 심어주셔서 감사합니다. 신뢰가 없었다면, 아픈 과거사, 불안한 미래 등에 대해 속내를 털어놓지 못했을 겁니다. 아니, 아예 저를 찾지도 않았을 겁니다. 감사합니다.'

한 동료교수가 알 수 없는 이유로 내 연구실 문을 노크도 없이 확 열어재끼더니 어디선가 받은 화풀이를 나에게 한바탕 해대고 나갔다.

'그의 부당하고 무례한 행위에 흥분하지 않고 그 상황을 견뎌낼 수 있게 해주셔서 감사합니다. 예전의 저였다면, 한판 붙었을지도 모르는데, 그런 충돌을 피할 수 있었습니다.'

가장 최근 '감사의 길'에서 드린 감사내용은 이랬다.

'좋은 책을 읽었습니다. 벌써 세 번째 읽는데도, 가슴에 새길만한 구절을 새롭게 만날 수 있었습니다. 감사합니다. 그런 글을 써

준 저자와 출판사에 감사합니다.'

직장 상사 때문에 기운이 쏙 빠지는가.

생각과 다르게 일처리가 꼬여 속이 상한가.

고객이 억지스러운 불만사항을 늘어놓는가.

일이 손에 안 잡히고 짜증만 쏟아지는가.

무료하고 나른하고 권태로운가.

그럴 때는 그 자리에서 조용히 일어나라. 그리고 사무실 밖으로 나가라. 복도도 좋고, 계단도 좋다. 옥상, 건물 앞 상가도 상관없다. 집이라면 자리를 박차고 현관문을 나서라. 걸어라. 그리고 단 한가지만이라도 좋으니 감사거리를 끄집어내라. 오직 그것에만 집중하라. 그러면 어느새 당신을 괴롭히던 생각들이 사라져버릴 것이다. 당신이 걸은 그 길이 바로 당신만의 '감사의 길'이 된다.

나는 천국으로
출근한다

이른 아침 도심 속을 달리는 지하철. 그 안을 가득 메운 사람들. 얼굴도, 옷차림도 다 다른 저들. 지금 무슨 생각들을 하고 있을까. 과연 즐거운 마음으로 직장을 향하고 있는 걸까. 아니면 괴로운 마음으로.

서른 살쯤 되어 보이는 정장 차림의 남자가 눈에 들어온다. 무슨 걱정이라도 있는 듯 어둠만이 빠르게 스쳐 지나는 창밖에 시선을 고정하고 있다.

'오늘까지 기획서를 완성해야 하는데, 어쩌지. 시간은 모자라고. 거래처 한 군데도 상담차 다녀와야 하는데. 시간 어기는 걸 제일 싫어하는 팀장은 또 한바탕 할텐데.'

얼굴이 까칠하고 눈이 충혈되어 있는 걸 보니 어제 늦게까지 야근을 한 모양이다.

'괜찮아요. 충분히 해낼 수 있어요. 물론, 보고서 쓰는 게 쉬운 일은 아니지만 그동안 많이 해왔잖아요. 아마, 오늘 완성할 수 있을 만큼 많이 진전이 되어 있을 거예요. 걱정하지 않을 정도로요. 지금의 마음은 가벼운 긴장감 정도라고 생각하세요. 심각한 상황은 아닐 거라고 믿어요. 거래처는 빨리 다녀오면 되지요. 아니, 어쩌면, 거래처의 사정으로 약속이 다음 날로 미뤄질지도 모를 일이죠. 아니면, 전화통화로 일이 해결될 수도 있구요. 아마 그렇게 될 거예요. 긍정적으로 한번 믿어 보자구요. 미리 걱정하지 말구요.'

나는 그를 바라보며 말을 건넸다. 내 말을 알아들어서였을까. 그는 작은 수첩을 꺼내들더니 무언가를 막 적기 시작했다. 기획서에 담을 내용이 아마 떠오른 모양이다. 물론 나 혼자만의 짐작이지만.

남자 옆으로 한 여인의 얼굴이 살짝 보인다. 하얀 겉표지의 책을 펼쳐 읽고 있다. 그런데 자세히 보니 책은 펼쳐져 있을 뿐 눈동자는 책을 읽지 않는다. 페이지가 넘어가질 않는다.

'고객을 상대하는 일이라 너무 힘들어요. 고객들은 저마다 취향이 다르고 원하는 게 너무나 달라요. 한 사람 한 사람이 이제 벽같이 느껴져요. 처음부터 적성에 맞지 않는 일이었어요. 하지만 대학을 졸업하고 나서 너무나 오랫동안 집에서 놀았거든요. 부모님

이 저만 보면 한숨을 쉬실 정도였으니까요. 수십 번 떨어지고 나서 겨우 잡은 직장인데 여기에서 포기할 수도 없고 걱정이에요. 오늘도 백여 명의 고객을 상대해야 하는데… 정말 큰일이에요. 사람 대하는 게 너무 힘들어요. 어떨 땐 막 겁부터 나요. 그런데 도움 받을 사람이 아무도 없어요. 더군다나 저는 이 큰 도시에 아는 사람이 아무도 없어요. 먼 시골 출신이라.'

서글픈 표정으로 책을 덮는다. 손을 가지런히 포개놓고는 '휴—' 하고 한숨을 내쉰다.

마음속으로 말을 건네 본다.

'사람 상대하는 일은 누구에게나 힘든 일이에요. 그런데 그 일만큼 또 가치 있는 일도 없어요. 아마 지금의 고비만 잘 넘기면, 충분히 보람을 느끼며 즐겁게 지낼 수 있을 거라 믿어요. 사람들은 참으로 다양해요. 그 중에서도 이런 사람들 때문에 힘들 거예요. 성질이 급한 사람, 이런 이들은 말이 떨어지기가 무섭게 결과물이 나오길 바라죠. 자기 생각보다 조금만 느리면 불만을 쏟아내기 시작하죠. 안하무인인 사람도 상대하기 힘들어요. 나이가 조금 어리다고 반말, 막말을 해대는 사람들 있잖아요. 그런 사람 잘못 만나면 눈물이 쏙 빠지곤 하죠. 손님이 왕이라고는 하지만, 그런 사람들한테 왕대접 해주고 싶은 마음은 손톱만큼도 안 생겨요. 뒤에서 험담하는 사람은 또 어떻고요. 나한테는 아무 말 않다가, 윗사람에게 가서는 이러쿵저러쿵 나에 대한 험담을 한 보따리 풀어놓죠. 그럴 땐 정말 억울해요. 서럽기도 하고 힘든 마음에 혼자 눈물을 쏟은 적도 아마 몇 번 있을 거예요. 그렇죠? 왜 그렇게 잘 아느냐고요. 저도 그런 사람들 많이 겪어봤거든요.'

옷매무새를 가다듬으며 그녀는 내릴 차비를 한다. 출입문 앞에서 유리창을 거울삼아 오른쪽 왼쪽 얼굴을 돌려본다. 좀 전에 비해 한결 밝아진 모습이다.

나는 그녀를 향해 파이팅을 외쳐본다.

'힘내세요. 분명 즐거운 하루가 될 테니까요. 오늘도 파이팅!'

회사로 향하는 길, 우리 모두에겐 격려가 필요하다. 위로가 필요하다. 에너지가 필요하다. 희망이 필요하다. 꿈이 필요하다. 따뜻한 말 한마디가 필요하다. 포근한 안아주기가 필요하다.

'내가 당신의 마음을 다 알아요. 당신의 상한 그 마음 저도 겪어봐서 알아요' 하며 따뜻하게 내밀어주는 손길이 필요하다.

그러면 우리는 그 어떤 어려움도 능히 극복해낼 수 있다. 직장

에서 벌어지는 일이 적어도 죽고 사는 일은 아니니까. 그 정도의 일이라면 충분히 도움 받을 수 있다.

누구로부터? 바로, 하나님으로부터다.

낙심될 때마다, 삶의 무게로 버거워질 때마다 '누가 뭐래도 나는 하나님의 사랑을 입은 자다'라고 가슴 깊이 새기게 하소서, 저를 결코 버리시지 않는다는 사랑의 약속을 굳건히 붙들게 하소서

(월간 〈생명의 삶〉, '오늘의 기도' 중에서)

나는 천국이 어떤 곳인지 정확히 알지는 못한다. 어떤 건물이 있고, 어떤 사람들이 어떤 옷을 입고 어떤 말을 하는지. 그들이 날아다니는지, 자동차를 타고 다니는지, 영어를 쓰는지, 한국말을 쓰는지, 인사말은 어떻게 나누고 감사를 어떻게 표현하는지 나는 아무것도 알 수 없다. 그러나 한 가지만큼은 확실히 안다. 천국 그곳엔 하나님이 함께 하신다는 것을.

사람들이 예수님께 물었다.
"하나님 나라가 언제 옵니까?"
그러자 예수님은 이렇게 대답했다.

"하나님 나라는 눈으로 볼 수 있는 모습으로 오지 않는다. 또한 '보라, 여기에 있다', '보라, 저기에 있다' 하고 말할 수도 없다. 하나님 나라는 너희 안에 있기 때문이다."

하나님과 함께 할 수만 있다면 그곳은 어디든 천국이 될 수 있다는 말이다. 오늘의 출근길도 예외는 아니다. 직장을 향해 걷는 지금 이 순간, 서류를 작성하고, 상담하고, 회의하는 매 순간마다 하나님은 나와 함께 계신다. 오직 나를 위해.

오늘도 나는
천국으로 출근한다.

겨울
지금
천국으로
출근합니다

나는 천국으로
퇴근한다

이 세상에서 천국을 가장 많이 닮은 곳이 있다면 그곳은 어디일까. 천혜의 휴양지?

글쎄, 전 세계 사람들이 찾는다는 그런 유명한 휴양지 몇 군데를 가보았지만, 아름다운 풍광과 여유로운 휴식은 제공되지만, 사실 무언가 꽉 채워지는 충만감은 느끼지 못했다. 따스한 햇살이 내려쬐는 멋진 해변에 누워있노라면 처음엔 세상이 다 내 것처럼 여겨진다. 그러나 두세 시간만 지나도 슬슬 여기저기 좀이 쑤셔온다. 따분하고 지루하다. 뭔가 새로운 것을 찾게 된다. 멋진 호텔 룸 역시 처음엔 환상적인 자태와 편안함으로 나를 반겨주지만, 하루만 지나도 그저 익숙한 집이나 다름없다. 두 번째 날부터 호텔이나 해변은 그저 기념사진의 배경으로 사용될 뿐, 전날의 감흥은 어디에도 없다. 오히려 뜨거운 햇살에 피부가 상할까 걱정이다.

어느새 호텔과 해변은 여행의 뒷전이 되어버린다. 명품 브랜드가 가득 들어찬 쇼핑몰을 찾아 돌아다니다 지친 다리를 주무른다. 허기진 배를 달래려 레스토랑들을 기웃거린다.

3, 4일이 지날 무렵쯤엔, 그렇게 떠나고 싶었던 집이 슬슬 그리워진다. 그냥 내 집에서 밥 먹고, TV보고, 책 읽고, 강아지와 놀아주고, 인터넷 서핑 하고, 아내와 공원 산책을 하고, 딸아이와 자전거를 타는 그저 평범한 일상 속으로 다시 돌아가고 싶어진다.

이 세상에서 천국을 가장 많이 닮은 곳, 많은 사람들에 의해 천국으로 비유되는 천혜의 휴양지라는 곳에서 내가 직접 겪은 체험담이다.

나에게 천국을 가장 많이 닮은 곳이 어디냐고 묻는다면, 나는 망설임 없이 '그곳은 바로 나의 집'이라고 말하고 싶다.

매일 먹고 자고, 휴식하며 머무는 나의 집에는 평안과 안식이 가득 차 있다. 천국이 그렇듯이 나의 집 또한 언제나 그렇다. 나의 집엔 무엇보다 나를 사랑해주는 가족, 또 내가 사랑하는 가족들이 있다. 집 밖에서 아무리 힘든 일이 있어도 집에 들어와 잠시 누워 있기만 해도 원기가 바로 회복된다. 아내와 딸이 즐겁게 대화 나누고 있는 그 옆에 잠자코 앉아 아내와 딸의 모습을 번갈아가며 보는 것만으로도 가슴에 행복이 가득 차오른다.

며칠 전 한 여학생이 연구실을 찾아왔다. 고민을 털어놓던 학생은 이내 복받침에 눈물을 쏟아냈다. 학생의 얘기는 이랬다.

"저는 멀리 경상남도에서 이곳까지 학교에 왔습니다. 의지할 사람이 없는 저는 오직 친구들에게만 매달려왔습니다. 두세 명의 친구와 '절친'으로 지냈는데, 어느 순간 친구들 사이에 오해가 생겨 그만 서먹한 관계가 되고 말았습니다. 저는 지금 외딴 섬에 홀로 남겨진 것 같습니다. 너무 외로워서 견디기 힘듭니다. 그래서 휴학을 하고 집에 내려가야 할 것 같습니다."

이야기를 끝까지 들은 후, 나는 이렇게 말을 해주었다.

"너에겐 부모님이 계시잖아. 그리고 오빠도 있잖아. 지금 당장이라도 엄마, 아빠한테 전화해서 '저 힘들어요', '속상해요' 하고 털어놓을 수 있잖아. 그리고, 오빠도 네가 도움을 요청하기만 한다면, 한달음에 달려와줄 걸 아마. 그런 가족이 있다는 건 너에게 정말 큰 축복이야. 그걸 먼저 마음속에 가득 채워 넣어봐. 가족의 사랑은 지금이나 10년 후나 변함이 없을 거야. 그 사랑을 잊지 마. 비록 멀리 떨어져 있지만, 그렇다고 가족의 사랑이 작아지거나 줄어드는 게 아니거든. 반면에 친구들은 만났다 헤어졌다 반복하게 되어 있어. 지금 모든 걸 함께 하는 친구라 해도 어느 날 헤어질 수 있고, 지금은 별로 친하지 않은 아이도 나중에 정말 친한 '절친'

이 될 수도 있는 거야. 그러니까 우선 가족의 사랑으로 지금 일시적으로 텅 빈 네 마음을 가득 채워야 해. 그러고 나서, 친구에 관한 건 시간에 맡기는 게 최선의 방법이야."

학생은 가족의 사랑을 잠시 잊어버리고 친구 관계에만 몰입해 있던 자신의 모습을 객관적으로 바라보는 듯했다. 그동안 좁아졌던 시야가 갑자기 넓게 트인 듯도 했다. 학생의 표정은 서서히 밝아졌다.

"행복한 가정은 미리 누리는 천국이다."

영국 시인 로버트 브라우닝이 남긴 말이다. 나는 시인의 말에 전적으로 동의한다. 우리가 주어진 일생 동안 해볼 수 있는 경험 중 가장 천국과 흡사한 것이 있다면 그것은 행복한 가정을 이루는 것이다. 그곳에는 세상에서 가장 따뜻한 사랑이 있기 때문이다. 그곳에는 세상에서 가장 따뜻한 위로가 있기 때문이다. 그리고 그 사랑과 위로는 결코 변함이 없기 때문이다.

그래서,

지금 나는

천국으로 퇴근한다.

뻔뻔스러우리만치 자신있게

사람은 크게 두 부류다. 과거를 보는 사람과 미래를 보는 사람. 과거를 보는 사람은 이렇게 자신을 합리화한다.

'오늘의 나를 있게 한 건 과거야. 과거를 잊어선 안 돼. 과거는 교훈이야. 과거로부터 해결방안을 찾아야 돼.'

누군가를 판단할 때 역시 과거에 연연한다.

'저 사람은 지난번에 나한테 안 좋은 표현을 했어. 내가 똑똑히 기억하고 있어. 그러니, 나도 저 치에게 친절하게 대할 필요 없어. 절대 함께 일할 수 없는 사람이야.'

과거를 보는 사람의 가장 큰 약점은 스스로의 한계를 벗어나지 못한다는 것이다.

'나는 한 번도 일등을 해본 적이 없어. 난 뛰어난 결과를 만들어 낼 수 없어.'

‘나는 지금까지 이성으로부터 사랑을 받아본 적이 없어. 나는 앞으로도 제대로 된 사랑을 못할 거야.’

‘나는 리더를 해본 적이 없어. 그저 누군가를 쫓아가는 인생을 살게 될 거야.’

‘난 남들 앞에서 자신 있게 발표를 해본 적이 없어. 늘 얼굴이 빨개지고 목소리가 기어들어 가는 듯했지. 나로선 도저히 할 수 없는 일이야.’

‘나는 중학교 때부터 영어를 포기했어. 그런 내가 어떻게 영어를 할 수 있겠어.’

인생이 온통 ‘과거에 안 됐으니 앞으로도 안 돼’ 하는 부정형 확신으로 가득 차 있다. 남도 아닌 평생을 지키고 아끼며 살아가야 할 자신의 인생인데.

이런 사람이 직장생활을 하면 어떻게 될까. 하루의 모든 일과가 장애물 투성이다.

‘어제도 지각해서 부장한테 지적당했는데, 오늘도 한 소리 듣겠군.’

‘지난 번 중요한 프로젝트팀에 못 꼈는데, 이번에도 열외겠지.’

‘내 아이디어는 잘 안 들어주잖아. 또 얘기해봐야 입만 아프지 뭐.’

‘지난 분기 판매 실적도 바닥이었는데, 이번 분기라고 달라지겠어.’

이런 언어는 패배자들의 언어다. 도전의 패배자, 시합의 패배자, 경쟁의 패배자, 자신과의 싸움에서 패배자, 결국 인생의 패배자가 되고 만다.

‘어차피 질 줄 알았어. 상대는 우리보다 강하잖아. 지는 게 당연한 거 아냐.’

‘그래, 이번에도 안 될 줄 알았어. 난 아직 준비도 안 됐고, 그럴 만한 능력도 기술도 없어.’

매 순간 우리는 어떤 태도를 가질지에 대해 이런 선택을 한다. 패배자들은 무슨 일이건 맞닥뜨리는 첫 순간마다 움츠려들고 도리질 치고 마지못해 그 일을 시작한다. 그리고 예상대로의 패배를 씁쓸한 웃음으로 받아들인다. ‘거 봐. 안 되잖아’ 하면서.

만일 당신에게 조금이라도 이런 태도와 성향이 배어 있다면, 미래 지향형인 이 사람으로부터 배워보길 바란다.

내가 소개할 사람은 바로 ‘닉 부이치치’다.

그는 팔다리가 없는 중증 장애인이다. 태어날 때부터 그는 모든 사람들로부터 동정 받을 수밖에 없는 그러한 모습이었다. 그러나 그는 20대의 나이에 30개국을 돌아다니며 실의에 빠진 사람들, 특히 지진이나 해일로 인해 가족과 재산을 모두 잃은 사람들, 그리고 자신과 같이 장애로 고통 받는 사람들을 위로하고, 그에게 희망의 메시지를 전하고 있다.

그에게 과거는 말 그대로 과거일 뿐이다. 그러기에 그는 과거에 얽매이는 우를 범하지 않는다. 과거의 아픈 기억이 들어설 틈이 없을 만큼 그는 미래를 계획하고 바쁘게 계획대로 삶을 꾸려나가고 있다.

당신은 와이키키 해변에서 서핑을 해본 적이 있는가. 정상인들도 도전하기 꺼리는, 마음속으로 그려보기는 하나 이런저런 여건 문제로 실행에 옮기지 못하는 그런 일들을 그는 척척 해낸다. 서핑을 타며 환호하는 그의 모습은 모든 과거지향형 인간들에게 이런 메시지를 전하고 있는 듯하다.

'왜 그렇게 묶여있는 거예요. 나를 봐요. 팔다리가 없어도 이렇게 자유롭게 파도타기를 하고 있잖아요. 나도 하는데요. 당신도 충분히 할 수 있어요. 희망을 버리지 마세요. 그리고 뻔뻔스러우리만치 자신있게 도전하세요. 미래에는 모든 것이 가능하거든요. 나 닉 부이치치, 다음에는 또 무슨 사고를 칠지 모릅니다.'

너희는 이전 일을 기억하지 말며 옛적 일을 생각하지 말라. 보

하나님은 우리에게 약속하셨다. 무한대에 가까울 정도로 수많은 약속을 지켜주신 신실하신 하나님이시다. 당신에게 하시는 약속만 잊으실 리가 없다. 물론, 나에게도 그러하시다.

과거에 얽매이지 마라. 하나님께서 새 일을 행하신다고 했다. 그리고 그것을 이제 나타내 보이시겠다고 약속까지 하셨다. 이 얼마나 가슴 벅찬 일인가.

월급쟁이였던 내가 어느 날 전임 교수가 되어 있었을 때 가장 놀란 것은 그 누구도 아닌 나 자신이었다.

베스트셀러 작가로 인정받고 여러 출판사로부터 출간 제안을 받는 나 자신을 보며 '이건 내가 바란 것 그 이상'이라는 생각에 어리둥절해 하던 기억이 아직도 생생하다.

하나님은 기대 이상으로 채워주신다는 말을 너무도 많이 들어왔다. 그렇지만 솔직히 고백건대 나는 그 말을 교회가 포교를 위해 지어낸 과장된 표현이라고 단정 지었었다.

'그럴 리 없어. 설마, 그런 일이 일어날 수 있겠어.'

하지만 너무나 생생하게 나는 내 삶 속에서 뻥뻥 터져 나오는 하나님의 축복을 목도할 수 있었다.

내가 지금 무슨 글을 쓰고 있는 거야. 속으로도 '하나님'이라고 부르지 못했던, 반신반의했던 얼치기 크리스찬이 하나님을 만나 달라진 인생에 대한 신앙고백을 하고 있지 않은가.

이 또한 넘치도록 부어주신 하나님의 은혜가 아니고 무엇이겠는가.

기독교는 믿음의 종교다. 동시에 구원의 종교다. 그러나 우리가 명심해야 할 사실이 하나 있다. 무조건 믿고 따른다고 모든 이에게 구원이 임하고 모든 소원이 이뤄지는 것은 아니다. 조건이 있다. 자기에게 주어진 달란트를 충분히 사용해야 한다. 세상을 이롭게, 이웃을 이롭게, 최소한 자신을 이롭게. 그러나 세상, 이웃은커녕, 자기 자신마저도 홀대하고 어둡고 침울한 과거에 스스로를 옭아매고 있다면 그 누가 그를 돕겠는가. 아무리 전지전능한 신이라도 과연 그리 하겠는가.

우리는 수많은 자기계발서를 읽고 또 얘기를 들어 왔다. 그 수많은 책들을 관통하는 가장 기본적이고 핵심적인 공통분모가 되는 메시지가 무엇인지 아는가. 그것은 바로 다음의 한문장으로 집

약된다.

하늘은 스스로 돕는 자를 돕는다.

그렇다. 하늘은 스스로 돕는 자만을 돕는다.

스스로 포기한 자, 나태한 자, 스스로 교만한 자, 기만하는 자는 누구도 도와주지 않는다.

새 날을 기대하라. 그 날의 주인공이 당신임을 믿어라. 믿는 대로 행하라.

오늘 감사할 것 5가지

나는 감사 일기를 쓴다. 감사 일기란 말 그대로 일기는 일기인데, 감사하는 내용으로 채우는 일기이다.

나에게 감사 일기를 쓰게 만든 사람은 '오프라 윈프리'이다. 그렇다. 여러분이 잘 알고 있는 토크쇼의 여왕, 세계에서 가장 영향력 있는 여성, 미디어그룹의 경영자로서 엄청난 부를 쌓은 여성, 바로 오프라 윈프리.

그녀는 당당하고 화려한 지금의 삶과 전혀 다른, 상상키 어려운 고통과 고난, 어둠과 절망 속에서 어린 시절을 보내야 했다.

그녀는 지독히 가난한 미혼모에게서 태어나 어머니의 품이 아닌 할머니 손에서 자라났다. 그곳에서 삼촌에게 성폭행을 당했고, 14세에 출산과 동시에 미혼모가 되었다. 아이는 태어난 지 2주 만

에 죽었고, 그 충격에 가출한 후 그녀는 마약 복용으로 하루하루를 지옥같이 살았다. 당시 오프라는 살고자 하는 의욕이 전혀 없는, 107킬로그램의 뚱뚱한 몸매의 불행한 미혼모에 지나지 않았다. 이처럼 기구한 그녀의 삶에 종지부를 찍게 된 중요한 사건이 발생했다. 그것은 친아버지와의 재회였다. 엄격한 아버지는 자신의 딸 오프라 윈프리에게 새로운 세상을 보여주었다. 아버지는 그녀에게 매주 책을 읽게 했고, 성경을 읽고 암송하는 훈련도 시켰다. 처음 접해 본 책은 그녀의 지적 호기심을 자극했으며 삶에 즐거움을 더해 주었다. 또한 성경은 그녀의 영혼에 숭고한 가치를 심어 주었다.

(전광, 〈평생감사〉 중에서)

춥고 두렵고 절망적인 어둠의 터널 속에서 그녀는 그저 하루하루를 때우는 삶을 살아갔던 것이다. 그러나 그 터널의 끝에는 밝은 빛이 기다리고 있었다. 그것은 구원의 빛이요, 희망의 빛이요, 사랑과 환희의 빛이었다. 인생을 바꾸고, 세상을 바꾸는 반전의 빛이었다.

그렇게 그녀는 아름다운 광명 속에서 새 생명을 얻고 새롭게 태어난 것이다. 과거, 절망의 오프라가 아니라 오직 희망뿐인 새로운 오프라로 거듭난 것이다.

전용비행기를 타고 세계 곳곳을 누빌 정도로 바쁜 하루하루를 사는 그녀지만, 주변의 작고 사소한 것들에 대해 감사하는 마음만큼은 여전히 간직하고 살고 있다.

그 마음은 그녀의 '감사 일기'에 그대로 드러나 있다. 하루도 빼먹지 않고 쓰고 있다는 그녀의 '감사 일기'. 하루 동안 일어난 일 중 감사의 내용 5가지를 적는 습관이다.

1. 오늘도 거뜬하게 잠자리에서 일어날 수 있어서 감사합니다.
2. 유난히 눈부시고 파란 하늘을 보게 해주셔서 감사합니다.
3. 점심 때 맛있는 스파게티를 먹게 해주셔서 감사합니다.
4. 얄미운 짓을 한 동료에게 화내지 않았던 저의 참을성에 감사합니다.
5. 좋은 책을 읽었는데, 그 책을 써 준 작가에게 감사합니다.
   (앞의 책 중에서)

나의 감사 일기도 같은 식이다. 오프라 윈프리의 방식을 그대로 따르기로 했다. 그제의 일기다.

1. 감기에 걸렸음에도 주어진 강의를 차질 없이 할 수 있게 해주셔서 감사합니다.

2. 괴팍한 성격의 험담꾼 교수 앞에서 마음의 평정을 잃지 않고 의연하게 대처할 수 있게 해주셔서 감사합니다.

3. 감미로운 CCM 찬양을 마음껏 듣고 평안을 느낄 수 있게 해주셔서 감사합니다.

4. 상담 중, 나를 믿고 속마음을 열어준 학생에게 감사합니다. 그리고 그런 시간을 갖게 해주셔서 감사합니다.

5. 딸아이가 학교에서 글짓기 상장을 받아왔습니다. 아이에게 귀한 달란트를 주셔서 감사합니다.

그리고 오늘의 일기다.

1. 오늘은 새벽기도로 제 발길을 인도해 주셔서 감사합니다.

2. 새벽기도에서 꿀처럼 단 설교말씀을 들려주신 목사님께 감사드립니다.

3. 깨끗하고 상쾌한 새벽 공기를 마시며 즐거운 산책을 할 수 있도록 해주셔서 감사합니다.

4. 가제로만 불렀던 이 책에 딱 맞는 제목을 머릿속에 떠올리게

해주셔서 감사합니다.

5. '이 책이 과연 세상의 빛을 볼 수 있을까' 하는 의심이 걷히고, 틀림없이 이 세상 누군가에게 도움이 될 수 있겠다는 확신을 주셔서 감사합니다.

감사하는 습관은 점점 더 많은 감사거리를 만든다. 삶은 더 풍요로워지고 더 여유로워진다. '행복이란 게 이런 거구나' 하고 벅찬 감동을 느끼게 한다.

삶의 속도를 조금만 늦춰라. 그리고 감사하라. 감사하는 습관이야 말로 가장 으뜸가는 행복 습관이다.

감사하는 사람들의 특징

　우리에게는 '감사 센서'가 하나씩 있다. 이 센서의 작동 원리는 이렇다. 일상 속에서 감사할 만한 사건이 감각기관을 통해 감지된 후, 일정 수준의 감사 바로미터를 초과하면 감사함을 느끼게 되고, 또 감사 표현 기준을 통과하면 감사한 마음을 누군가에게 표현한다.

　이 감사 센서는 사람마다 감도가 다 다르다. 어떤 감사 센서는 엄청나게 큰 자극이 가해져야만 작동하고, 또 다른 감사 센서는 아주 미약한 자극에도 바로 바로 반응한다. 또, 감사 바로미터도 다르다. 물론, 감사 표현 기준도 제각각이다.

　어떤 이는 매우 민감한 센서와 감사 바로미터, 그리고 너그러운 감사 표현 기준을 갖고 있다. 매사에 감사하는 사람이다.

　그러나 반대편에 있는 어떤 이는 아주 둔감한 센서와 바로미터, 그리고 매우 까탈스러운 감사 표현 기준을 갖고 있다. 좀처럼 감사함을 느끼지 못하고, 또 정말 큰 감사거리에도 좀처럼 감사 표현을 하지 않는 사람이다.

　이런 사람들의 삶은 무미건조하다. 그들의 표정이 밝을 리 없다. 사람들이 이들 주변에 자발적으로 모여들 리가 만무하다.

작은 일에도 기꺼이 감사할 줄 아는, 고감도의 감사 센서를 갖고 있는 사람, 하찮은 감사거리에도 고개를 숙이고 감사함을 표출하는 사람들의 삶은 늘 활기가 넘친다. 언제 어느 때 만나 보아도 풍요로운 일상을 즐기며 살아간다. 뭔가 달라도 한참 다른 삶이다. 지켜보고 있자면 '아 나도 저렇게 살고 싶다' 하는 마음이 절로 들게 하는 부러운 삶이다.

그런 사람들은 구체적으로 어떤 구별되는 점들을 갖고 있을까. 우리 주변에서 가끔씩 찾아볼 수 있는 그들에게서는 다음의 공통된 특징을 발견할 수 있다.

항상 표정이 밝다

"안녕하세요."

같은 인사말도 이들을 통해 나오면 느낌이 다르다. 실로 사람을 기분 좋게 만드는 매력이 있다. 환하게 웃는 표정 때문이다.

감사는 늘 마음에 맑은 시냇물을 흐르게 한다. 탁하게 고여 있던 물도 감사의 샘물에 금새 씻겨나간다. 탁해질 틈이 없다. 늘 맑게 흐른다. 깊은 산 속에서나 만날 수 있는 투명하게 흐르는 싱싱한 냇물이 얼굴 표정에 그대로 흐른다. 온화한 미소로, 탐스러운 함박웃음으로, 부드러운 눈길로. 작은 촛불 하나가 방 안을 모두 밝히듯, 그의 표정 하나가 주위를 밝고 환하게 비춰준다. 어느 사회든 이런 사람들은 보석처럼 귀한 대접을 받기 마련이다.

긍정적이다

감사하는 사람들은 매사 긍정적이다. 어떤 일을 당하든 그 일에서 찾을 수 있는 긍정적인 면을 발견해낸다. 사람을 만나도 마찬가지. 그에게서 약점, 문제점을 잡아내기보다는 그의 장점, 배울 만한 점, 칭찬할 만한 점을 먼저 본다. 그리고 적극적으로 표현한다. '패션 감각이 아주 뛰어나세요.' '이름이 멋지세요.' '조언 좀 많이 부탁드려야겠어요.' '보고서를 아주 잘 쓰네요.' '발표 자세가 아주 좋으세요.'

물론, 자기 자신에 대해서도 긍정적이다. '나는 잘될 거야.' '문제가 생기더라도 나는 능히 극복해낼 수 있어.' '나는 내가 원하는 꿈을 반드시 이룰 수 있어.'

긍정적인 에너지는 주변 사람에게도 강한 전파력을 갖기 마련이다. 긍정적인 리더 한 명이 다 쓰러져가는 회사를 살려낸 사례는 얼마든지 쉽게 찾아낼 수 있다. 긍정적인 사람은 늘 승리의 편에 서 있기 마련이다.

인사를 즐긴다

'인사하는 모습 하나만 봐도 그 사람의 모든 것을 알 수 있다.' 인사의 중요성을 강조하며 내가 줄곧 주장하는 말이다. 학교에서는 학생들에게, 특강에서는 직장인들에게 강조하고 또 강조한다. 밝은 표정으로 먼저 다가가서 인사하는 습관은 인간관계에 있어 처음이자 끝이다. 그만큼 중요하다.

누구한테 배우지 않아도 인사 잘하는 사람은 따로 있다. 감사하는 사람들이다. 그들은 그 누구 앞에서라도 겸손하게, 친절하게, 진심을 담아 인사한다. 그 인사말 한마디만으로도 마음이 푸근해진다. 밝은 표정, 맑은 눈빛 하나만으로도 상대는 마음을 열게 된다.

건강하다

타고난 건강 체질이 있다 하지만 정신과 육체는 서로 밀접한 영향을 미치는 법. 감사로 무장한 사람은 정신 건강은 물론, 육체 건강도 따 놓은 당상이다. 캘리포니아 데이비스대 로버트 에먼스 교수의 연구결과에 의하면, 일상에 감사함으로서 만족도 높은 삶을 사는 사람은 그렇지 않은 사람에 비해 숙면을 취하고 눈에 띌 만큼 건강해진다고 한다.

남을 배려할 줄 안다

넉넉한 마음으로 남을 안아주는 모습, 감사하는 사람들에게서는 흔히 볼 수 있다. 자신이 받은 모든 것에 감사하는 이들은 그 은혜와 축복을 기꺼이 나누고자 하는 마음이 넘쳐난다. 그렇게 흘러넘치는 은혜와 축복은 남들에게 배려와 친절로 다가간다. 배려와 친절은 절대로 억지로 만들어낼 수 없는 행위이다. 우러나오지 않는 인위적이고 연출된 배려와 친절은 오히려 검은 속마음만을 드러낼 뿐 상대에게 선한 영향력을 줄 수 없다. 역시, 배려와 친절의 근원이자 에너지원은 감사하는 마음이다.

손해 보는 것을 두려워하지 않는다

용기 있는 행동은 자신의 손해를 두려워하지 않는 강한 마음에서 온다. 무엇이 옳고 바람직한지 알면서도 대부분의 사람들은 그것을 입 밖에 내지 못한다. 더욱이 과감한 행동으로 옮기지 못한다. 자신에게 돌아올 손해와 손실을 미리 계산하기 때문이다. 그러나 감사하는 사람은 기꺼이 그 손해를 감수한다. 그만큼, 그들은 자신이 추구하는 공의로움과 선함에 대한 확신이 투철하다. 모든 손실은 보상될 것임에 대한 믿음 역시 확고하다. 크게 보고, 크게 생각하고, 크게 살아가는 사람으로서의 여유로움이랄까. 그들에게는 확실히 감사와 벽을 쌓고 사는 사람들에게서는 찾아볼 수 없는 과감함과 대범함이 있다.

어려운 사람에게 손을 내민다

'감사, 그것은 이웃과 함께 나누는 것.'

감사하는 사람들은 자연스레 나눔의 정신을 갖게 된다. 그것이 바로 긍휼의 마음, 자비의 마음, 사랑의 마음이다. 돈을 쌓아놓고 사는 부자들한테만 나누어줄 무언가가 넘치는 건 아니다. 비록, 적은 월급으로 빠듯하게 살아가는 소시민이라도 어려운 이웃을 위해 많은 것을 나눌 수 있다. 실제로 우리는 그런 사람들의 미담을 언론을 통해, 이웃의 증언을 통해 자주 접하곤 한다. 그들은 비록 적지만 자신이 가진 물질의 일부를 귀한 쓰임을 위해 나눌 줄 안다. 물질은 아니지만 어쩌면 그보다 더 귀한 나눔, 즉 자신이 잘할 수 있는 재능과 달란트의 나눔을 실천한다. 교육 봉사로, 연탄 나르기로, 아이 돌보기로. 그들은 또 동시에 자신에게 주어진 소중한 시간을 남들을 위해 나눈다. 그리고 무엇보다 가장 값진 사랑의 마음을 나눌 줄 안다.

삶의 매 순간, 에너지가 넘친다

감사는 에너지다. 그것도 파워가 넘치는 초강력 에너지다. 감사하는 사람을 곁에서 지켜보면 이 주장에 어떤 과장이나 미화도 없다는 것을 알 수 있다. 그들의 눈빛에, 목소리에, 발걸음에, 펜 끝에, 그의 생각, 태도, 자세, 몸짓, 소신, 주장, 행동 그 어느 지점에서든 그가 뿜어내는 강렬한 에너지를 느낄 수 있다. 늘 온화하고, 겸손하며 자신을 낮추어 살지만, 그들은 어떤 권세 높은 권력자보다도 강한 카리스마와 에너지를 뿜어낸다. 간디가 그랬고 마더 테레사가 그랬듯이 말이다.

도움의 손길이 그를 둘러싼다

이들 주변엔 항상 도움의 손길이 있다. ‘도와주마, 키워주마’ 하는 윗사람들로부터 ‘함께 하자’는 동료들, ‘도와드리겠다. 배우고 싶다’며 팔을 걷어붙이는 후배들까지. 이들에게는 상하좌우로, 나이, 성별 구분 없이 많은 사람들이 모여든다. 위기나 문제에 빠져 있을 때, 자발적으로 내밀어주는 도움의 손길이야말로 진정한 위로와 회복인 동시에 살아가면서 맛볼 수 있는 가장 큰 환희와 기쁨이 아닐까.

영향력 있는 사람이 된다

권력이나 명예, 부를 갖고 있지 않아도, 이들은 강력한 파워를 갖고 있다. 그것은 바로, 선한 영향력이다. 이들은 이미 주변사람 누구에겐가 정신적 지주의 역할을 하고 있다. 평생 함께 하고 싶은 멘토이기도 하다. 큰 형님이기도 하고, 믿고 따를 만한 리더이기도 하다. 사려 깊고 친절한 조언자이며, 힘들 때 마음껏 기댈 수 있는 편안한 어깨이기도 하다. 더위에 지친 나그네에게 시원한 그늘을 선물하는 큰 나무이며, 아픈 상처를 어루만져주고 회복시켜주는 탁월한 능력의 치료자이기도 하다.

위기를 쉽게 극복한다

누구에게나 예기치 못한 불행이 닥친다. 그것은 심각하게는 사랑하는 사람의 죽음일 수도 있다. 꿈의 좌절일 수도 있다. 믿었던 사람의 배신일 수도 있다. 경제적인 추락일 수도 있다. 삶이 휘청거릴 만한 이런 위협 속에서도 꿋꿋하게 일어나서 제 갈 길을 가는 사람들이 있다. 남들과 달리 속도 경쟁에서 벗어나 여유로운 마음으로 범사에 감사함으로써 삶을 무장한 사람들이다.

기회가 많이 생긴다

우리 인생의 비밀 중 하나는, '기회란 베푼 만큼 돌아오는 것'이란 사실이다. 즉, 내가 누군가에게 기회의 통로가 되어주어야 그것이 쌓여, 나에게 기회로 다가오는 것이다. 그러나 많은 사람들이 이 평범한 진리를 모른다. 그 누구에게도 기회를 나눠준 적도 없으면서, 하늘에서 기회가 툭 하고 떨어지기를 기대한다. 그 기대가 이뤄지지 않으면, 멀쩡한 하늘에 대고 욕을 퍼붓는다. 감사하는 사람들이 약아서가 아니다. 기도를 많이 해서도 아니다. 하나님이 편애해서도 아니다. 그들은 많은 이들에게 기회의 통로가 되어주기 때문에, 그들에게 기회가 많이 돌아가는 것뿐이다.

　　　가장 아름다운 습관은 '감사'가 아닐까. 감사하는 사람에게 이렇게 많은 혜택이 있는데, 굳이 마다할 이유가 있을까. 나는 이 순간, 다시 한번 다짐한다.

　　　"주어진 축복에는 물론, 역경과 고난 앞에서도 '그럼에도 불구하고' 감사하는 사람으로 살겠습니다."

그럼에도 불구하고

감사에도 급이 있다.

그 누구라도 감사할 만한 상황, 예를 들면 어려운 시험을 통과했거나 사업에서 큰 성공을 거뒀을 때에 하는 감사는 초급 수준의 감사이다. 물론, 이런 상황에서도 감사할 줄 모르는 사람이 있긴 하겠지만 대부분의 사람들은 겉으로는 안 한다 하더라도 마음 한 구석에서라도 감사의 마음을 갖게 마련이다.

중급의 감사는 특별히 감사할 일도 아닌데 하는 감사이다.

'오늘 하루도 저희 가족 모두 무사할 수 있게 지켜주셔서 감사합니다.' '누구나 어려운 이 때에 안정된 직장 생활을 영위할 수 있게 해주셔서 감사합니다.' '좋은 음식을 주셔서 이렇게 즐거이 먹고 건강을 유지할 수 있게 해주셔서 감사합니다.' 이런 감사가 바로 중급의 감사다. 혹자는 '무슨 그런 당연한 일, 사소한 일에까지 일일이 감사를 해?' 하며 의아해할 수도 있지만 이런 감사의 마음을 늘 갖고 있는 이에게는 너무나도 익숙한 감사이다.

고급의 감사는 보통 사람이라면 도저히 감사의 말이 나오지 않는 상황에서도 터져 나오는 감사를 말한다.

이를테면, 주변사람들이 자신을 모함할 때, '사람들의 비난과 핍박을 통해 저를 단련해주심에 감사합니다.' 간절히 바라던 일이 기대와 달리 좌절되었을 때에도, '낙심과 좌절을 겪게 하심으로써 교만한 마음을 비워내고 겸손한 마음을 다시 채울 수 있도록 해주심에 감사드립니다.' '제 자신을 다시 바로 볼 수 있는 기회를 주셔서 감사합니다.'

바로 이런 감사가 고급 감사다.

물론, 나에게는 어려운 경지의 감사다. 하지만 끝없이 도전해서 꼭 성취하고 싶다. 죽기 전에 달성하고픈 내 인생 목표이기도 하다. 자녀의 감사 능력을 키워주기 위한 어느 선교사의 일화 속에서 나는 큰 교훈을 얻은 바 있다.

"어떤 일을 당했을 때 '감사하는 말'은 응급처치라고 생각하면 좋을 것 같아. 일단 감사하고 보는 거야. 당시엔 왜 그 일이 일어났는지 몰라도 일단 무조건 감사의 말을 하는 거야. 나중에 알게 되

겠지. 하나님이 왜 그런 일을 허락하셨는지 말이야. 일단 감사의 말을 먼저 해 두면 어떤 나쁜 상황에서도 응급처치는 된다고 생각해."

(임은미, 〈최고의 날, 최고의 그리스도인〉 중에서)

이 글을 접한 후, 나는 의도적으로 '감사합니다'를 자주 말하게 되었고, 그러다 보니 차츰 불만스럽고 짜증나던 일들을 조금은 가볍게 여길 수 있는 그런 여유로움을 여러 차례 경험하게 되었다.

감사는 우리의 인생을 송두리째 바꿀 수 있을 정도의 큰 힘이 있다. '감사가 만들어내는 능력' 중 검증된 것 몇 가지만 봐도 그 힘을 쉽게 알 수 있다.

◇ 매일 감사할 일을 세는 사람들이 그렇지 않은 사람들에 비해 흥분하는 경향이 적다. (이스트워싱턴대학교 필립 와킨스 박사 연구 결과)

◇ 감사하는 태도를 가진 사람은 정신적 상처나 스트레스를 훨씬 덜 받는다.

◇ 감사의 힘은 상대방의 입장에서 생각할 수 있게 하고 사람 사이를 부드럽게 연결시켜 마침내 감사의 도미노 효과를 불러일으킨다.

◇ 감사하는 태도는 다른 사람과 긴밀한 유대를 맺게 한다. 또 그 유대관계를 보다 강하고 긍정적으로 만들어준다. 관계가 긴밀해질수록, 그런 관계가 늘어날수록 행복을 느낄 일이 많아진다.

◇ 여러 조건이 같을 때 감사의 힘을 연습한 사람은 타인을 보다 긍정적으로 생각하고 객관적으로 인식한다. 또 상황을 우호적으로 판단하며, 쉽게 단정하지 않는다. 그래서 더 나은 결론에 도달한다. 때로는 다른 사람들이 생각하지 못하는 창의적인 결론을 내놓기도 한다. (코넬대 엘리슨 아이젠 박사 연구 결과)

(데보라 노빌, 〈감사의 힘〉 중에서)

만일 같은 직업, 같은 연봉, 같은 집안 배경 등 모든 조건이 같은 두 명이 있다고 치자. 그 중 A는 감사의 습관이 있고, B는 그렇지 못할 경우, 과연 누가 더 행복한 삶을 살 것이라 추측할 수 있겠는가. 당연히 A이다. 나 역시 A의 삶을 살고 싶고, 내가 아는 소중한 사람들은 모두 A의 삶을 살기를 바란다. 그러기 위해서는 그 어떤 상황에서도 감사하는 습관을 들여야 한다. 습관이 된다는 것은, 그만큼 그 마음을 먹거나 행동하는 데 있어서 내부적인 저항이 없어진다는 것을 의미한다. 즉, '이런 일에도 감사해야 되나?' 하는 의심이나 부정적인 생각이 없어지는 것이다.

일상에서 벌어질 수 있는 수많은 상황에 따라 감사는 이렇게 다양하게 나눠질 수 있다.

◇ 그래서 감사 — 결과가 좋아서 감사합니다.

◇ 그래도 감사 — 결과는 좋지 않지만 결과와 상관없이 감사합니다.

◇ 그러나 감사 — 감사할 수 없는 상황이지만 의지적으로 감사합니다.

◇ 그러므로 감사 — 과정이나 결과와 상관없이 결론적으로 감사합니다.

◇ 그렇지만 감사 — 지금은 감사하지 못하는 결과이지만 감사하려고 합니다.

◇ 그럼에도 감사 — 마음의 소원과 간구대로 되지 않더라도 감사합니다.

◇ 그러니까 감사 — 선행 조건 때문에 좋은 결과가 있어서 감사합니다.

◇ 그리 하실지라도 감사 — 원치 않는 고통, 박해, 고난이 닥쳐도 감사합니다.

◇ 그리 아니하실지라도 감사 — 소원대로 되지 않더라도 나를

향하신 하나님의 계획하심과 선하심을 신뢰하며 감사합니다.

◇ 그럼에도 불구하고 감사 — 감사할 수 없는 상황이지만 내가 모르는 하나님의 섭리가 있음을 믿고 감사합니다.

(홍인종, 〈생명의 삶〉, '감사의 언어' 중에서)

'그래서 감사'부터 '그럼에도 불구하고 감사'까지 감사의 종류도 많고, 또 감사라고 모두 다 같은 감사가 아님을 알 수 있다. 누구나 하는 즐거운 감사도 있지만, 정말 어려운 고통 가운데 나오는 애절한 감사도 있다. 삶 속에는 즐거움만 있지 않다. 때로는 실패와 좌절도 겪고, 외로움과 두려움에 빠지기도 한다. 그럴 때 누군가는 그 힘든 위기를 감사함으로 극복해낸다. 그것이 감사가 우리에게 주는 고마운 힘이자, 효능이다.

우리는 운동이 건강에 좋다는 사실을 넘치도록 충분히 알고 있다. 그렇지만 그 좋은 운동을 열심히 실천하는 사람이 있는가 하면, 아예 담을 쌓고 사는 사람도 있다. 이제 우리는 '감사' 앞에서 결단을 내려야 한다. 백익무해(百益無害)한 '감사의 삶'을 살 것인지, 아니면 감사 없이 불평과 불만으로 가득 찬 '원망의 삶'을 살 것인지.

일주일의 시작이 좋으면
다 좋다

당신은 일주일을 어떻게 시작하는가.

혹시 월요일 아침, 아침식사도 거른 채 헐레벌떡 계단을 뛰어내리며 시작하지 않는가. 만원 지하철 안에서 찡그린 얼굴로 일주일을 열지 않는가. 일주일 동안 쳐내야 할 산더미 같은 일들을 떠올리며 한숨을 쉬며 시작하는가.

일주일의 시작이 만일 위와 같다면, 이미 당신의 일주일은 실패다. 일도 꼬이고, 감정도 꼬이고, 인생이 꼬이게 된다. 그 어떤 시간보다 일주일의 시작은 경건해야 한다. 신중해야 한다. 침착해야 한다. 즐거워야 한다. 희망이 넘쳐야 한다. 도전적이어야 한다. 자신감으로 충만해야 한다.

나의 일주일의 시작은 여유롭다. 월요일이 아니라 일요일이기 때문이다. 나의 일주일은 직장으로 가는 길이 아니라, 교회로 가

는 길에서 시작된다.

나의 일주일의 시작 풍경은 이렇다.

비교적 늦게까지 푹 잔다. 깨어나서는 여유롭게 가족과 아침인
사를 나눈다. 아침 식사를 하며 가족과 즐거운 대화를 나눈다. 나
는 가끔 말도 안 되는 썰렁 개그로 아내와 딸을 웃겨준다. 모두의
얼굴에 웃음이 가득한 아침이다. 이제 각자의 시간, 나는 기분 좋
은 샤워를 마치고 인터넷으로 뉴스를 읽는다. 잠시 후, 딸과 함께
TV를 본다. 동물들이 등장하는 가족용 예능프로그램이다. 그렇
게 여유로운 시간을 보낸 후, 우리는 교회로 향한다. 11시 30분부
터 예배는 시작한다. 딸아이는 자기가 속한 초등부 예배실로, 나
와 아내는 대예배실로 향한다. 약 한 시간의 예배가 끝나면, 우리
는 햇빛이 따사로운 교회 앞마당에서 재회를 한다. 그러고는 즐거
운 가족 외식을 한다. 서로 먹고 싶은 메뉴를 얘기하고 합의를 한
다. 어떤 날은 칼국수를, 또 다른 날엔 스파게티를 먹는다. 한가로
운 도심의 여유를 즐기며 식사를 마친 우리는 집으로 돌아온다.

만일 나와 같이 일주일의 시작을 일요일에 하고자 한다면 다음
의 조언이 도움이 될 듯하다. 저명한 저술가인 노먼 빈센트 필은
그의 책 〈생각대로 된다〉에서 '교회 다니기의 기술'을 마스터하

기 위해 열 가지의 규칙을 제안하고 있다.

1. 교회 다니는 것을, 따라야 할 명확한 규칙이 있는 하나의 기술로 보라. 그리고 그 기술을 익힐 수 있다고 생각하라.

2. 규칙적으로 교회에 나가라. 매주 복용해야 하는 의사의 처방약을 1년에 한 번만 복용한다면 효과가 있을 리 만무하다.

3. 토요일 저녁 시간을 조용하게 보내고 숙면을 취하라. 주일날을 위해 컨디션을 조절하라.

4. 이완된 몸과 마음으로 교회에 가라. 급하게 서두르지 말고 여유롭게 움직여라. 긴장된 상태로는 참된 예배를 드릴 수 없다.

5. 즐거운 기분으로 교회에 가라. 교회는 우울한 장소가 아니다. 기독교는 밝고 행복한 종교다. 종교는 즐거운 것이어야 한다.

6. 평안하게 자리에 앉아 발은 바닥에 붙이고 양손은 무릎 위나 양 옆구리에 내려놓으라. 경직된 자세로 앉지 말고 좌석에 몸을 기대라. 하나님의 권능은 긴장된 몸과 마음으로는 들어갈 수 없다.

7. '문젯거리'를 교회에 들고 가지 마라. 열심히 생각하는 것은 주중에 하고 주일에는 마음이 휴식하도록 하라. 하나님의 평화가 지적인 사고 과정을 도울 창조적 에너지를 가져다주어

문제 해결의 통찰력을 얻게 되리라.

8. 악의를 가지고 교회에 가지 마라. 악의는 영적 에너지가 흐르지 못하게 한다. 악의를 떨치기 위해 당신이 좋아하지 않는 사람이나 당신을 싫어하는 사람을 위해 기도하라.

9. 영적인 묵상의 기술을 연마하라. 예배 중에는 스스로에 대한 생각을 버리고 하나님만을 생각하라. 아름답고 평화로운 정경을 상상하라. 지난 여름에 낚시하러 갔었던 강도 괜찮다. 세상일로부터 벗어나 평화롭고 상쾌한 기분에 빠져들기 위함이다.

10. 뭔가 근사한 일이 일어나리라는 기대감을 안고 교회에 가라. 예배가 영적인 기적이 일어날 수 있는 분위기를 만든다고 믿으라. 예수님에 대한 믿음을 통해 많은 사람들의 삶이 예배 중에 변화되었다. 그런 일이 당신에게도 일어날 수 있다고 믿으라.

가장 인상적인 내용은 5번 항목이다. '즐거운 기분으로 교회에 가라.' 물론, 모든 일요일의 아침이 즐거울 수는 없다. 주중 내내 처리해온 여러 가지 일들로 피로도 쌓이고, 또 골칫거리들이 머릿속에 맴돌아 괴로울 때도 있다. 하지만 그런 부정적이고 불쾌한 감정들을 단번에 털어낼 필요가 있다. 억지로라도 그렇게 해야 한다. 즐거운 기분을 회복해야 한다. 그러고 나서 교회에 가야 한다. 나는 이런 노력을 통해 많은 감정의 치유와 회복을 경험한 바 있다.

이렇게 온화한 기운으로 시작된 일주일은 끝나는 날까지 큰 무리 없이 이어지게 마련이다. 혹여 돌발적인 문제가 발생하더라도 크게 당황하지 않고 침착하게 대처할 수 있는 여유가 생기기도 한다.
일주일의 첫 날이 좋으면 그 주는 '월화수목금토' 모두 다 좋은 날이다.

특별한 크리스마스 소원

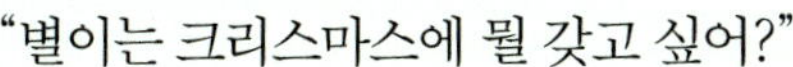

"별이는 크리스마스에 뭘 갖고 싶어?"

"응?"

"어, 산타할아버지한테 어떤 선물 받고 싶냐구."

나의 물음에 유치원생 딸아이는 잠시 심각한 표정으로 얼굴이 굳는다.

"정말로 정말로 갖고 싶은 선물을 주셔?"

"그럼, 산타 할아버지는 정말로 주신다구. 근데, 엄마 아빠 말, 선생님 말 잘 듣는 아이들한테만 선물을 주셔."

"아빠, 나는 그럼 선물 받을 수 있는 거야?"

"그럼. 별이는 엄마 말, 아빠 말, 그리고 선생님 말도 잘 듣잖아."

"…."

"왜, 갖고 싶은 게 뭔데?"

"아빠, 내 소원을 써서 산타할아버지한테 편지로 보내면 안 될까?"

인형이나 화장놀이 세트 같은 장난감을 받고 싶다고 아우성 칠 줄로만 예상했던 나는 의외로 침착한 딸아이의 모습에 적잖이 당황스러웠다.

"여기, 종이에 써. 글로 써도 되고, 그림을 그려도 돼."

"그런 다음에 어떻게 이 편지를 보내지, 산타 할아버지한테?"

"음. 여기 크리스마스 트리에다 살짝 얹어 놓으면, 산타 할아버지가 읽으실 거야."

말이 떨어지기도 전에, 딸아이는 흰 종이에 크레파스로 아직 익숙지 않은 한글 솜씨로, 한자 한자 꾹꾹 눌러 쓰고 있었다.

김 영 선 눈

종이에 쓰인 글은 분명 그렇게 읽혀졌다.

"김 영 선… 눈, 이게 뭐야?"

"응, 내가 받고 싶은 선물이야."

"김영선이 누구야, 친구니?"

"나랑 친구야, 우리 하늘반 친구. 근데, 눈이 아퍼."

"눈이 아프다구? 왜, 어떻게?"

"영선이는 눈이 잘 안보인데. 그래서 가위질도 잘 못해. 그림도 잘 못 그리고. 뛰어놀지도 못해. 그래서 마음이 아파."

"…."

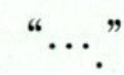

"그래서, 영선이 눈이 빨리 나았으면 좋겠어. 그게 내가 정말로 정말로 받고 싶은 크리스마스 선물이야. 근데 산타할아버지가 그런 선물도 주실까?"

나는 전혀 예상치 못한 딸아이의 크리스마스 선물 이야기를 듣고는 가슴 한켠이 찡했다. 눈물도 핑 돌았다.

'아, 김영선이란 친구가 그때 그 친구였구나.'

언젠가 아내로부터 스치듯 들었던 이야기가 떠올랐다.

'하늘반에 며칠 전 앞을 잘 못 보는 아이가 새로 들어왔대. 선생님한테서 전화가 왔었거든. 시각장애가 있는 아이가 같은 반이 되었으니, 아이에게 그 친구와 친하게 지낼 수 있도록 각별한 지도를 부탁한다고 말야. 그런데 아이들이란 게 어쩔 수 없나봐. 왜 약한 아이들이나, 작고 왜소한 아이들한텐 왠지 더 심한 장난들을 치잖아. 새로 온 그 아이한테도 그런 일들이 일어난대. 걸핏하면 툭 치고 도망가기도 하고, 앞에 물건을 몰래 숨겨놓고 더듬거리는 모습을 보며 자기네들끼리 킥킥거리기며 놀려대기도 한대. 그런데, 오늘 선생님이랑 전화통화를 했는데, 정말 깜짝 놀랐어. 우리 딸이 말야, 그 친구를 그렇게 옆에서 많이 도와주고 보살펴준다는 거야. 가령, 종이접기 할 때도 꼭 두 개씩 접어가면서 그 친구한테 말로 설명을 해준대. '다음엔 이렇게 뒤집어서, 여기 가운데를 한번 접고, 그렇지. 또 그 다음에 한번 또 접고…' 이런 식으로 말야. 그리고 그 아이를 유독 괴롭히는 짓궂은 남자 아이가 하나 있는데, 그 녀석이 또 장난을 쳤대. 그랬더니 '친구를 그렇게 못살게 구는 일이 잘하는 일일까? 선생님이 좋아하실까? 너네 엄마가 너한테 멋지다 그러실까?' 이러면서 혼을 내기도 하더래. 우리 딸 참 기특하지? 예쁜 마음으로 잘 자라고 있어서 너무 마음이 흐뭇해.'

'아, 그때 얘기했던 그 아이 이름이 김영선이구나.'

나는 앞을 잘 못 보는 친구를 위해 단 하나의 크리스마스 소원을 비는 딸아이 앞에서 한동안 내 자신을 들여다보지 않을 수 없었다.

'아, 나는 나 아닌 다른 사람을 위해 어떤 선물을 준비하고 있는가?'

그렇게 생각하는 동안, 딸아이는 크리스마스 트리의 맨 꼭대기에 '김 영 선 눈'이라고 쓰인 편지를 테이프로 단단히 붙여 매고 있었다.

"아빠, 산타 할아버지가 내 편지를 꼭 읽어야 할텐데. 그치?"

진짜 나다운 삶을 살기로 했습니다

죽음과 공존하는 삶

급하게 걸려온 전화. 나는 서둘러 차의 시동을 걸었다.

왠지 시동이 단번에 걸리지 않는다. 다시 한 번.

부릉—

평상시 막히는 큰 길을 피해 이면도로로 접어들었다. 이건 또 웬일인가. 골목길을 꽉 채운 자동차 행렬. 앞으로도 뒤로도 못 가고 완전히 길에 갇힌 신세가 되고 말았다.

약속은 사회생활의 생명과도 같은 것이라는 신념을 갖고 있는 나로서는 마음이 다급해져갔다. 등줄기에 뜨끈한 무언가가 흘러내리고 있었다.

마음을 조이면서 한참을 기다리고 기다리던 끝에, 드디어 차는 숨통을 틀 수 있었다. 강변북로에 접어들었다.

'이제 됐다.'

우흥―, 계기판의 바늘이 모두 빠르게 솟아올랐다. 나는 머릿속으로 오늘 회의 내용을 미리 점검해보았다.

'회의 안건은 이렇고, 예상 질문은 음… 뭐가 있을까?'

예상 답변을 생각하고 있는데, 뭔가 말들이 엉키면서 딱 떨어지는 맛이 없었다. 머릿속에서 적합한 낱말들을 이리저리 조합해보기 시작했다. 마치 낱말풀이 퀴즈를 하듯이.

바로 그 때였다.

내 앞에 갑자기 공포영화에서나 볼 수 있었던 끔찍한 광경이 펼쳐졌다. 눈 깜짝할 사이에 벌어진 일이다.

햇빛을 받아 번쩍거리는 거대한 물체 하나가 엄청난 속도를 내며, 게다가 귀를 때리는 굉음을 내며 내 차 앞 유리를 향해 정면으로 날아오고 있었다.

미사일 같기도 하고, 비행접시 같기도 한 그 무언가가.

'아, 끝이구나.'

그 순간 나는 절대공포를 체험했다. 그것은 어떤 대피나 방어를 도저히 꾀할 수 없는 거대하고 압도적인 두려움이었다.

내 동공은 믿을 수 없을 만큼 커졌다. 너무나 짧은 찰나의 순간이었지만, 기억만큼은 생생하다. 그 커진 동공 속으로 번쩍거리는 무시무시한 물체와 내 옆에 나란히 달리는 자동차, 그리고 뒤를

바짝 따르고 있는 자동차들이 모두 한눈에 들어왔다.

그 날아오는 물체를 재빨리 피하고 싶었으나, 핸들을 좌로도 또 우로도 돌릴 수가 없었다. 아무 죄도 없는 옆 차의 승객들을 불의의 사고로 몰아넣을 수 있기 때문이었다. 갑자기 브레이크를 밟자니 그것도 도저히 할 수 없었다. 나와 마찬가지로 과속을 하며 달려오는 뒷 차들이 연쇄추돌을 일으킬 게 뻔했기 때문이다. 그때 내가 할 수 있는 일이라고는—지금 생각하면 너무나 엉뚱하게도—숨을 참는 것뿐이었다. 지금도 왜 그 순간 숨을 참았는지는 이해가 되지 않는다. 최대치의 공포감이 밀려올 때 신체가 할 수 있는 반응이 아닐까 추측만 해볼 뿐이다.

그 무시무시한 번쩍이는 물체가 바로 눈앞에 다가왔을 때, 그제서야 나는 그 정체가 무엇인지 정확히 알아낼 수 있었다. 그것은 기억자로 꺾인 금속 파이프였다. 전체 길이가 약 2미터쯤 되고 3분의 1 정도에서 'ㄱ'자로 굽어져 있었다. 앞에 달리던 화물차에서 떨어져 나와 도로면을 '탕! 탕! 탕!' 튕기며 나에게 돌진해온 거였다.

일자 파이프였다면, 아마 금새 도로에 얌전히 누워버렸을 텐데, 그 놈은 불행히도 'ㄱ'자였다. 그래서 미친 황소처럼 굉음과 함께 튀어오르며 달려든 것이다.

읍! 어떤 소리도 낼 수 없었다. 나는 깊은 물속에 잠긴 듯한 갑갑함을 느꼈다. 아무런 대응도 반응도 소용이 없는 상황. 그것은 표현하기 싫지만, 죽음의 공포였다.

얼마나 시간이 흘렀을까. 시간을 초월한 이상야릇한 시간이 흐른 후, 나는 정신을 차렸다.

'어, 어떻게 된 거지?'

나는 여전히 강변북로를 달리고 있었다. 옆의 차들도 그대로였다. 뒤에 차들도 역시.

가장 가까운 현장에서 모든 상황을 지켜보던 내가 그 어떤 설명도 할 수 없으니 대체 어떻게 된 일일까.

손 등에서도 땀이 난다는 사실을 나는 그때 처음으로 알게 되었다. 손 등에서 시작된 땀이 핸들 위로 주르륵 흘러내렸다.

한참이 지나서야 나는 내가 겪은 일들을 어설프게나마 설명할 수 있게 되었다. 정돈된 마음으로 다시 그 상황을 정리하자면 이렇다.

그 쇠파이프는 무섭게 나를 향해 돌진해왔고, 나는 순식간에 좌나 우로 피할 수 있나 확인했다. 서 버리는 건 어떨까도 확인했다. 허사였다. 모든 곳에 차가 있었기 때문이다. 모두 과속상태였다. 이 상황은 내가 감수해야 했다. 어떤 결과가 일어나든지.

숨을 죽이며 맞이하던 그 감수의 순간, 놀랍게도 그렇게 미친 황소처럼 날뛰던 쇠파이프가 내 차와 부딪치기 직전, 바로 1미터 앞에서 납작하게 아스팔트 위에 엎드려버린 것이다.

죽음을 떠올릴 만한 위기의 상황이 그렇게 지나갔다. 세상은 아무 일 없는 듯 고요했다. 도로에는 그저 무심히 달리는 자동차뿐이었다. 내 가슴만 진정되지 않은 채 요동치고 있었다.

만일 그 파이프가 과속 주행하던 내 차의 앞유리를 뚫고 들어왔더라면…. 나는 지금도 도무지 믿기지 않는 이 일을 겪으면서 많은 교훈을 얻을 수 있었다.

우리는 어쩌면 너무나 큰 교만과 착각 속에서 살아가고 있는지도 모른다. 바로 이 교만과 착각이다.

'나의 삶은 내가 모두 다 통제할 수 있다.'

그동안 흔하게 듣던 기도문 중에 '생사화복 주관하시는 하나님'이라는 말을 나는 새롭게 인식하게 된다. 우리는 제아무리 권세와 능력을 손에 쥐었다 해도 탄생과 죽음, 화(禍)와 복(福)을 제마음대로 만들어내고 또 휘두를 수 없다. 그 힘의 대부분은 나의 외부에 있음을 인정하지 않을 수 없다. 나는 그 힘이 전적으로 하나님으로부터 나온다고 믿는다. 아울러 하나님은 선하신 목적을 갖고 계심을 믿는다. 나를 이 땅에 태어나게 하심에도, 내가 지금 여기 이곳에서 이렇게 하루를 살아가고 있음에도 그분만의 분명한 목적이 있으시다. 나는 그 목적을 따라 살아야 한다. 그것이 나의 사명이다.

하나님의 목적을 알아가고 또 그 목적으로 내 마음속을 가득 채우기 위해서는 불가피하게 나의 세상적 욕심을 비워낼 수밖에 없다. 어렵고 힘들지만, 때로는 괴롭기도 하겠지만, 이것이 섭리임을 거듭거듭 기억해내야 한다.

끝날 때까지는 끝난 게 아니다

한 소년이 있었다. 그는 열한 형제 중 막내로 태어났고, 아버지로부터 각별한 사랑을 받고 자랐다. 이복형들은 모두 소년을 시기 질투하였다. 결국, 형들은 힘을 모아 소년을 우물 안에 가두게 된다. 어둡고 좁고 무서운 우물 속에서 홀로 지내던 어느 날 형들 중 한 명이 '아예 이 녀석을 내다가 노예로 팔아버리자'고 해서 그의 말대로 소년을 팔아치우고 만다.

어린 소년은 그렇게 남의 집 종살이를 하게 된다.

얼마나 형들이 원망스러웠을까. 아무리 이복형제들이라 하지만 너무나 잔혹한 짓을 저지르지 않았는가. 종살이 동안 소년은 갖은 고초를 다 겪으면서도 희망을 잃지 않았다. 자신의 삶에 대한 희망, 미래의 모습에 대한 소망을 결코 버리거나 죽이지 않았던 것이다. 주인집을 찾아오는 많은 고급관료들의 말을 들으며 착실히 세상에 대한 공부를 하던 소년은 결국, 나중에 나라의 총리 자리에 오르게 된다. 후일 만나게 된 형들에게는 전혀 보복하거나 욕하지 않았다. 총리가 된 소년의 이름은 성경 속에서도 유난히 빛나는 이름, 요셉이다.

삶을 보는 방식에는 세 가지가 있다. 돋보기로 보는 방법, 그냥 육안으로 보는 방법, 그리고 망원경으로 보는 방법.

많은 사람들이 마음의 돋보기를 갖고 삶을 들여다본다. 아주 작은 일에도 불평불만을 하고, 시기하고 질투하고 또 좌절하고 절망한다. 그러다가 조금이라도 좋은 일이 생기면 또 언제 그랬냐는 듯이, 주체를 못하고 남들에게 자랑하고 떠벌여댄다. 그 사람 옆에 있으면 늘 분주하고 소란스럽다. 온통 사건사고들이 넘쳐나는 사람처럼 보인다. 울다가 웃고, 친한 듯하다가 화내고 돌아선다. 옆에 있는 사람까지 불안하고 정신이 없을 정도다. 결국 본인도 힘들고 지치기 마련이다.

조금은 멀리 떨어져서 관망하며 인내하는 여유와 신중함이 필요하다. 할 수만 있다면, 망원경으로 멀리 앞날을 내다보는 삶을 사는 게 좋다.

나는 지금 야구 선수로 잠실 야구장 마운드에 투수로 서 있습니다. 이 순간까지 20년 넘게 운동을 열심히 해왔습니다. 이 경기만큼은 꼭 이겨야 하는 인생 최대의 빅게임입니다. 떨리는 가슴을 진정시키고, 1번 타자를 상대합니다.

'스트라이크!'

생각한 대로 공이 포수의 글러브에 빨려 들어갔습니다. 느낌이 좋습니다.

두 번째는 상대의 조급한 마음을 이용해서 헛스윙을 유도해야겠습니다. 그래서 살짝 빠지는 바깥쪽 공을 던졌는데, 저런 손끝을 떠난 공은 정확히 포수의 가슴팍으로 들어갑니다. '실투다'라고 느끼는 순간, 타자의 배트에 맞은 공은 마치 대포알처럼 외야 펜스를 훌쩍 넘어갑니다.

상대 선수들은 환호합니다. 상대편 응원단도 춤을 추며 좋아합니다. 곧 나를 비난하는 우리 편 응원단의 야유소리마저 들립니다.

마음이 흔들립니다. 2번 타자는 꼭 삼진아웃으로 잡아내서 분위기를 반전시켜야겠다고 마음먹습니다. 던졌습니다. 좋은 코스로 잘 타고 들어갑니다. 배트는 툭 하고 힘없이 부러지고, 빗맞은 공은 외야수 앞으로 날아갑니다. 쉽게 잡을 수 있는 공입니다. 그런데, '픽—' 하고 중견수와 우익수가 서로 공을 잡으려다가 부딪치고 맙니다. 공은 그냥 땅에 뚝 떨어지고요.

저는 고개를 떨굽니다. 분위기가 이렇게 흘러가면 정말 공을 던질 맛이 안 납니다. 그러나 아직 게임은 초반전. 힘차게 3번 타자를 맞이해 볼을 던집니다. 2루타, 4번 타자 또 2루타. 계속 두들겨 맞습니다. 1회에만 5점을 주고 맙니다.

아, 이 게임을 포기해야 할까요. 할 수만 있다면 시간을 되돌리고 싶습니다. 어깨를 두드려주는 동료들이 있지만, 위로가 되기는커녕 미안하고 부끄러운 마음이 앞섭니다.

5회가 지났습니다. 점수는 7대 0. 만회하기가 어렵습니다.

상대도 승리를 확신했는지, 조금은 긴장을 풀고 경기를 하는 듯 보입니다. 어깨에 통증이 느껴지지만, 감독에게 이야기 할 수 없습니다. 오늘 게임은 제가 끝까지 책임져야 한다는 것을 알기 때문입니다.

힘겹게, 힘겹게 회를 이어갑니다. 뒤늦게 집중력을 발휘한 우리 팀 타자들이 3점을 만회하고 9회에 접어듭니다.

9회 초, 어깨의 힘이 다한 듯합니다. 팔꿈치의 통증도 시작되었습니다. 7대 3. 패색이 짙습니다. 경기는 김이 샌 맥주처럼 맹맹하

게 진행됩니다. 세 타자 모두 외야수 뜬 공으로 아웃됩니다.

9회 말. 우리 팀의 마지막 공격입니다. 9회를 완투한 저는 할 일을 다 끝냈습니다. 이제 그저 지켜볼 뿐입니다.

안타와 볼넷을 엮어 주자 만루 상황이 됩니다. 차갑게 식었던 경기장은 다시 뜨거워집니다. 일찌감치 자리를 떴던 관중들도 다시 경기장으로 시선을 모읍니다.

우리팀에 대타가 나섭니다. 타율은 2할을 겨우 넘기지만, 장타력이 있는 타자입니다. 상대투수는 혼신의 힘을 다해 공을 뿌립니다. 타자가 크게 방망이를 휘두릅니다.

휘—익

하늘을 가르는 흰공은 외야 관중석에 꽂입니다.

만루 홈런!

9회 말에 터진 만루 홈런 덕분에 패배로 끝날 것 같던 게임이 다시 원점으로 돌아갑니다. 분위기는 우리팀이 거의 이긴 게임이 된 듯합니다. 그렇게 경기는 연장전에 접어듭니다.

야구로 비유를 했지만, 결국 우리네 인생 이야기다. 1회만 들여다보면, '이미 끝났네' 하고 단념하고 싶다. 인생에서도 그렇다. 시작하자마자 실패하고 고난을 겪는다면 입을 열어봐야 불평불

만만 쏟아져 나올 것이다.

야구는 9회까지 있다. 단지 1회, 2회의 내용에 집착하고 게임을 단정 지어선 안 된다. 인생 역시 야구처럼 길게 봐야 하는 이유다. 9회 말 투아웃이라도 얼마든지 게임은 뒤집을 수 있다.

그리고 아직까지 말하지 않은 비밀이 하나 있다. 야구든 인생이든 오늘만 날이 아니라는 것. 곧 새로운 경기가 예정되어 있다는 사실을 기억하자. 게임은 내일 또 시작된다.

뛸 수 있음에, 또 새로운 게임이 주어짐에 감사해야 하지 않을까.

꿈 하나
곧 두울
꿈 하나
곧 세엣

나만 잘하면 되는 줄 알았지

항상 미소를 지어주는, 상대방을 기분 좋게 해주는 한 남학생이 캔 커피 하나를 들고 고개를 들이민다.

"교수님, 시간 괜찮으세요. 괜찮으시면 커피 한 잔 드실래요?"

웃으며 나는 들어오라고 손짓을 했다.

"어서와, 이리 앉아."

학생은 쑥스러운듯 미소를 지으며 앉는다.

"교수님, 이렇게 자주 와도 괜찮은 거죠? 교수님은 그냥 삼촌같이 편해서요."

나는 기분이 좋아졌다.

"삼촌? 하하하. 그렇게 느껴졌다면 다행이네. 사실 나도 너희들이 다 조카같아. 실제로 내 조카들이 네 또래거든."

나는 아기 때부터 보아왔던 조카녀석 이야기를 들려주었다. 축

구를 좋아하던 그 녀석은 삼촌만 보면, 바지가랑이를 잡아 끌면서 '짬쭌, 쭉꾸, 쭉구' 했었고, 그러던 녀석이 훌쩍 자라 이제 어엿한 대학생이 되었다는.

마치 친삼촌과 친조카라도 된 듯 우리는 이야기 꽃을 피웠다.

"저 교수님, 상담하고 싶은 게 있는데요."

학생은 어렵사리 이야기를 꺼냈다.

"사실 요즘, 친구들 사이에서 많이 힘들어요."

얘기인 즉, 항상 몰려다니는 친구들이 있는데, 어느 순간부터인가 자기만 소외되기 시작했다는 것이다. 심지어는 한 친구의 지갑이 없어졌는데, 이 학생이 의심의 대상이 되었다는 것. 물론, 자신의 결백을 주장했지만, 친구들은 의심을 거두기는커녕, 더더욱 멀어지기만 한다는 것이다. 건장한 체구의 학생은 그동안의 마음고생이 얼마나 컸던지 내 앞에서 울먹였다.

"비록 짧은 삶이었지만 그동안 살아오면서 저는 누구에게 이런 의심을 받아본 적도 없고, 더구나 따돌림을 받아본 적도 없어요. 특히나, 고등학교 때는 친구들과 꿈에 대한 이야기를 자유롭게 나누면서 너무나 즐겁게 지냈는데, 대학에 와서 모든 게 달라졌어요."

나는 침착하게 말했다.

"맞아. 모든 것은 변하게 되어 있어. 환경은 변하기 마련이야. 사람도 마찬가지로 변하고."

그리고 내 이야기를 들려주었다.

"나는 한때 잘 나가던 광고쟁이였어. 그래서 어느 날 결심을 하게 되지. 내가 회사를 차려 이 정도로 일을 하면, 적어도 두세 배의 돈을 벌수 있겠다는 계산이 된 거야. 그리고 회사에서 가장 믿을 만한 사람들과 동업을 시작했어. 그 당시 내 의지와 열정은 말 그대로 하늘에 닿을 듯 했어. 그 어떤 어려움도 이겨낼 자신이 있었지. 그런데 그 생각은 나의 오산, 오판, 아니 나의 오만이었음을 알게 되었지. 4월에 사업을 시작했는데, 7월부터 대한민국 역사상 가장 비참했던 경제 위기, 흔히 국가부도 위기라고 불리는 'IMF 구제금융' 사태를 맞게 된 거야. 나에게 일을 주겠다고 약속했던 회사들은 자기들 먹고살기도 바빠졌지. 그 어떤 회사도 돈을 쓰지 않았어. 아니 쓸 돈이 없었지. 월급을 못 줘 직원을 내보내야 할 판이었으니까. 겨우 겨우 연명하듯이 회사를 이끌어갔어. 드디어 긴 터널을 헤치고 나왔을 때, 동업자 중 한명이 거래처 한 군데를 가지고 독립해 나갔어. 경제적으로 큰 타격을 입었지. 그 이후로도 동업관계는 꼬이기만 했고. 그러다 보니 사업은 어려워지고."

나는 물을 한 모금 마시고 이렇게 말을 맺었다.

"나는 나만 잘하면 되는 줄 알았어."

학생은 "저는 지금 그렇게 믿고 있어요. 저만 잘하면 된다고요" 하며 빙긋이 웃었다.

"그래, 자신을 믿는 것도 중요하지만, 그것만으로는 부족하다는 것을 알게 되지. 내가 정말 끝까지 믿을 만한 분을 소개시켜줄까? 이 분은 절대로 변하지 않고, 생명이 끝날 때까지 너의 편에서 너를 지켜줄 꺼야. 어때, 소개 받아볼래?"

학생은 고개를 끄덕였다.

나는 탁상 위에 놓여있던 성경 구절이 적혀있는 종이를 내밀었다.

하나님께서 너를 그 깃털로 감싸 주시니 네가 그 날개 아래로 피할 것이며 그 진리가 네 방패와 성벽이 되리라 (시편 91: 4)

"이 분이셔. 하나님."

학생은 종이를 한참 쳐다보더니, 답했다.

"한 스무 번째 소개 받는 것 같아요. 이 분."

"하하하, 왜 그렇게 많은 사람이 그분을 너에게 소개시키려고 했을까. 분명한 이유가 있을 거야. 나는 그분이 정말 좋은 분이라는 걸 직접 체험했기 때문에 자신 있게 권하는 거야.”

이렇게 학생과 나는 두런두런 이야기를 나누었다. 어느새 창밖은 어둑해지고 있었다.

“마음으로 믿어지는 게 중요해. 언젠가는 그런 날이 올 거야.”

“네, 오늘 이 시간, 그리고 오늘의 대화는 꼭 잊지 않고 기억할게요. 다음에 또 와도 되죠? 교수님.”

“그럼, 물론이지.”

나는 돌아서는 학생의 어깨를 토닥여주었다.

‘하나님께서는 지금 내가 해주는 위로와 격려의 말보다 훨씬 더 강력하고 효과적인 위로와 격려를 주실 거다. 그리고 내가 이렇게 어깨를 쓰다듬어주는 것보다 수백 수천 배는 더 따뜻하고 포근한 은혜로 너를 덮어주실 거다. 하루 빨리 그 날을 맞이하길 바란다.’

나는 그 친구를 위한 염원과 함께 짧은 기도를 올렸다.

‘여기 이 어린 양을 주님의 특별한 사랑으로 인도하여 주시옵소서.’

당신은 어떤 꿈을 갖고 있습니까?

"저희가 서울역까지 모시러 가겠습니다."

"아, 네. 그럼 그렇게 알겠습니다."

인천에 있는 한 기업체의 연수원에서 초청강연 의뢰가 왔고, 주최측에서는 나의 편의를 위해 고급 승용차를 서울역까지 보내주었다. 서울역에서 인천의 연수원까지 가는 동안, 나는 이런저런 생각에 잠겼다. 돌이켜 생각해보면 너무나 교만한 생각들이었다.

'음, 내가 드디어 이런 근사한 대접을 받게 되었군. 어쩌면 당연한 거 아닌가. 베스트셀러 저자에다가 특강 경력도 적잖이 쌓였고 말야.'

이런 생각은 더 커져갔다.

"네, 동대구역까지만 오시면, 저희가 모시러 가겠습니다."

포항의 모 기업에서 온 전화에도 역시, '그래, 역시 큰 기업답게 모실 줄 아는군' 하고 당연히 받아들였다. 부끄럽지만, 그것이 나의 모습이었다.

늘어가는 강연 요청, 높아지는 강연료, 그 중 압권은 하늘 높은 줄 모르고 솟구치는 나의 자만심이었다.

어디 베스트셀러가 영원할 수 있겠는가. 유명 강사가 또 얼마나 오래 가겠는가. 그러나 그때는 그 모든 게 영원할 것만 같았다.

정상도 아니면서 정상에 선 듯한 착시효과로 인해 나의 초심은 흔들리기 시작했다. 강의요청이 오는 것만으로도 감지덕지였던 내가, 책을 출간해주겠다는 말 한마디에 뛸 듯이 기뻐했던 내가 이제 거리를 재고, 단가를 재는 모습으로 변했으니 말이다.

정상에 서기 전에 꼭 내려놓아야 할 것들 중 가장 첫 번째로 꼽을 수 있는 것, 바로 '교만'을 나는 꼭 틀어쥐고 있었던 거다.

겉모습, 타이틀, 포장을 너무 중요시한 나머지 나의 본모습을 잃어간 것이다.

외형적인 모습에 너무 크게 신경 쓰지 말자. 오히려 중요한 것은 내면이다. 진정 소중한 것은 '진짜 나다움'이며, 진짜 삶은 '진짜 나답게 사는 삶'이다. 그러기 위해서는 겉으로 드러나는 직업

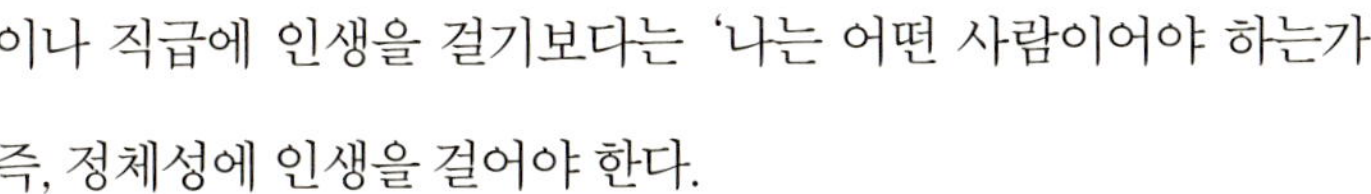

이나 직급에 인생을 걸기보다는 '나는 어떤 사람이어야 하는가' 즉, 정체성에 인생을 걸어야 한다.

나는 책을 쓰는 사람이지 꼭 베스트셀러를 쓰는 작가는 아니다. 너무나 감사하게 많은 분들이 읽어준 덕분에 결과적으로 베스트셀러가 된 것이지. 내가 베스트셀러를 써낸 것은 아니다.

나는 강연을 하는 사람이지. 특별대우를 받아야 하는 명강연가는 아니다. 역시 너무나 감사하게 많은 곳에서 과분한 대접을 해주셨을 뿐이다. 내가 그렇게 명품강연을 하는 사람은 아니다.

내가 추구해야 할 것은 베스트셀러가 아니라, 좋은 내용의 책이요. 또 대접받는 강연이 아니라, 실질적 도움과 감동을 주는 강연인 것이다.

우연히 듣게 된 미국의 동기부여 강연가 짐 맥클라렌의 이야기는 특히 나에게 많은 교훈을 주었다.

미국의 최고명문 예일대를 졸업한 전도유망한 청년 짐. 그는 건장한 체격에 뛰어난 운동신경마저 갖춰 예일대 풋볼팀 주전으로 뛸 정도였다. 어디 하나 빠질 데 없는 멋진 청연이었던 그에게 시련이 닥친 것은 그의 나이 22살 때 일이다.

뉴욕 한복판을 오토바이로 달리던 그에게 한 대의 버스가 돌진해왔다. 그리고 3주가 흘렀다. 사투를 벌이다 겨우 혼수상태에서 깨어난 그는 한쪽 다리가 없어진 사실을 알게 된다. 눈앞에 보이는 모든 것은 절망을 위한 장치물들이었다. 전에는 아무것도 아니었던 복도, 계단, 그리고 사람들의 시선까지. 그러나 그는 특유의 근성으로 시련을 이겨내기 시작했다. 그리고 마침내, 비록 의족에 의존하기는 했지만 걷기에 성공하고 이윽고 달리기에도 도전하게 되었다. 그는 도전의 화신이었다. 그렇게 시작한 운동은 그를 철인 3종 경기 선수로 만들었다. 수영 3.9 킬로미터, 사이클 180.2 킬로미터, 그리고 마라톤 42.195 킬로미터를 완주해낸 것이다.

그는 일약 스타가 되었다. 장애인은 물론 절망과 좌절에 허덕이는 수많은 이들에게 위로와 도전 의지를 주는 희망의 아이콘이 되었다. 최고의 동기부여 강연가가 되는 것은 시간 문제였다. 그렇게 바쁜 일상을 보내던 어느 날.

상상키 어려운 두 번째 사고가 그를 덮치고 만다.

철인 3종 경기에 출전해 사이클을 타고 달리던 그에게 정체불명의 차 한 대가 통제선을 뚫고 돌진하여 세게 들이받았다. 한참을 날라 땅에 떨어진 그의 목은 꺾였고, 순간 팔다리를 움직이는 신경은 모두 손상되고 말았다. 사고 이후 평생을 휠체어에 의존해야 하는 몸이 되고 말았다.

그는 그제서야 모든 것을 내려놓고, 살아있음에, 생각하고, 책을

읽고, 누군가에게 자신의 생각과 마음을 전달할 수 있음만으로도
만족할 수 있게 되었다고 고백한다.

두 번의 큰 사고를 통해 그가 진정 깨달은 것은 과연 무엇이었
을까.

한 목사님은 이렇게 말한다.

'누가 제게 꿈이 뭐냐고 물으면 이렇게 대답합니다. 좋은 목사,
아름다운 교회. 이 말에서 명사는 목사와 교회입니다. 이 두 단어
는 제가 무엇이 되겠다(What to do)는 꿈을 말해줍니다. 형용사는
'좋은'과 '아름다운'입니다. 이 두 형용사는 제가 어떻게 살겠다
(How to live)는 꿈을 말해줍니다.

'좋은'은 제가 목사로서 하나님 앞에서 어떻게 살아가야겠다는
꿈을, '아름다운'은 제가 교회를 어떻게 이끌어 나가겠다는 꿈을
압축하고 있습니다. 그런데 만약 누가 다시 제게 '당신의 꿈에서
목사와 교회라는 명사가 더 중요한가, 아니면 '좋은'과 '아름다
운'이라는 형용사가 더 중요한가?'라고 묻는다면, 저는 망설이지

않고 분명하게 대답할 수 있습니다. 왜냐하면 무엇이 되느냐는 사실 어떻게 사느냐에 대한 신념의 부산물이기 때문입니다. 저는 꼭 목사가 되지 않아도 좋습니다. 그러나 반드시 좋은 그리스도인이 되어야 합니다. 또한 담임목사가 되지 않고 부목사로 평생을 지내도 좋습니다. 그러나 제가 섬기고 있는 교회 공동체는 아름다운 공동체가 되어야 합니다.'

(정홍준, 〈꿈을 버려라〉 중에서)

그리고 그는 마지막에 나와 우리 모두를 향해 이런 질문을 던진다.

'이제 당신에게 묻고 싶습니다. 당신은 어떤 꿈을 가지고 있습니까.'

끊어진 반지

지금 내 손에는 반지가 하나 들려 있다.

내가 아내에게 선물했던 것 중 가장 고가의 반지다. 바로 이 반지로 인해 일어난 오늘 아침의 사건(?).

평소보다 일찍 깬 딸아이가 뭔가 불안한 표정으로 거실을 왔다 갔다 한다. 왜 저럴까 쳐다보는데도 아빠의 시선을 의식하지 못하나보다. 몇 분 후, 얼굴이 시뻘개져서는 아침식사 준비를 하는 엄마에게 다가간다.

"엄마, 반지가 안 빠져."

"비눗물로 요렇게 칠하면 쏙 빠질 거야."

"아까부터 한참동안 그렇게 해봤는데 안 빠져."

내심 내가 나설 때가 되었구나 싶었다.

"이리 와봐. 아빠가 빼줄게."

옛날에 반지 한두 번 손가락에 안 걸려본 사람 없다. 내게도 나름의 노하우가 있었다. 비누를 어떻게 칠하고, 손가락 마디를 어떻게 통과시켜야 하는지 그 감각을 떠올리며 세면대로 데리고 갔다.

쓱쓱쓱―, 제법 능숙하게 비눗물을 바르고, 쏙 빼려는데….

"이상하다. 왜 안 빠지지?"

"아빠! 손이 엄청 부어서 그래. 이쪽하고 비교해봐."

헉― 이렇게도 손가락이 부을 수 있구나 싶었다. 마치 바람들어간 풍선마냥 부풀어 있었다. 게다가 다른 손가락과 다르게 새빨갛게 달아올랐다.

"안 아파?"

"어… 사실은 손가락이 아파서 새벽에 깬 거야."

아플 만도 하지. 빨갛게 퉁퉁 부어오른 손가락 사이를 움푹 파고 들어가 있는 백금반지가 왜 이리 얄밉게 반짝이는 건지.

'아빠가 방법 좀 찾아볼게, 인터넷으로' 하고는 내 방에 들어갔다. 그 사이에 아내는 기름을 발라보는 모양이다.

"이걸로 안 되면 반지를 자르는 수밖에 없어."

아이는 겁에 질린 목소리다.

"안 돼. 이거 비싼 거잖아."

갑자기 온 집안이 조용해지는 게 서늘하게 느껴졌다.

‘뭐지?’

거실로 나간 내 눈에는 끊어진 반지와 피가 흐르는 딸의 손이 한눈에 가득 들어왔다.

“기어이 끊었네.”

“당연하지. 딸이 중요하지. 반지가 중요해?”

아내는 딸아이의 손에 살짝 흐르는 피를 닦아주며 말했다.

은근히 화가 났다.

“내가 방법을 찾아보고 있는데, 좀 기다리지. 반지도 끊어지고. 게다가 손에 피까지 흐르잖아.”

아내는 이쪽은 쳐다보지도 않으며 대수롭지 않게 대답했다.

“반지는 다시 이으면 되고, 피는 끊어진 부분에 살짝 긁혔을 뿐이야. 연고 바르면 금방 나아.”

멀쩡하게 서 있던 아이가 눈물을 뚝뚝 흘리기 시작했다. 자기로 인해서 일어난 이 작은 소동에 자책감이 드는 모양이었다. 엄마 반지를, 그것도 아빠가 선물한 가장 비싼 반지를 끊어버리게 했고, 또 이 아침에 엄마 아빠가 서로 큰 소리를 내고. 이 모든 게 다 자기 때문이라는 이유로. 어쩌면 손가락에 생긴 상처 때문에 아프고 속상했을지도 모른다. 그 모습이 왜 그리도 안쓰러워 보이던 지, 나는 아이를 와락 끌어안았다.

“괜찮아. 이 반지 그렇게 비싼 거 아냐. 엄마 말대로 이으면 아무 문제도 없고. 괜찮아, 울지마.”

손에 든 반지를 바라본다. 보석이 박혀있는 백금반지. 매끄러운 자태가 아니라, 허리께가 뚝 끊어져 헤벌어진 흉한 모습이다.

그렇다. 모든 물질들이란 바로 이 끊어진 반지와 같은 것이다. 어느 한 순간에 끊어져 흉해져버릴 수 있는 것. 딸아이의 손가락에 비하면 턱없이 하찮은 것. 이렇듯 보다 가치 있는 것과 상충될 때는 한순간 방해물이 되는 것. 가치가 훼손되더라도 아니 없어져버린다 한들 인생을 살아가는 데 큰 지장 없는 것, 그것이 물질이다.

우리는 언제든 끊어져 흉해질 수 있는 반지에 너무 많은 것을 쏟아부으며 살고 있는 것은 아닌가.

경제상황이 안 좋아져서 그런지 요즘 들어 사람보다 돈을 더 우선시하는 이들을 주변에서 쉽게 보게 된다. 돈을 위해서라면 사람을 이용하고 짓밟고 위에서 군림하려든다. 자기 자리 하나 보전하기 위해 사람을 그저 하나의 수단으로만 생각하고 휘두른다. 사람에 대한 기본적인 사랑이나 존중은커녕 최소한의 인권마저 유린되고 만다.

사람을 귀히 여기고, 함께 아파하고, 또 함께 기뻐하는 관계를

회복해야 한다. 가족으로부터, 친구, 직장 동료, 이웃들까지. 할 수 있다면 그 범위를 넓혀나가야 할 것이다.

내가 좋아하는 시, 이해인 수녀님의 시는 바로 그러한 사랑을 가르쳐준다.

말없이 사랑하십시오

— 이해인

말없이 사랑하십시오
내가 그렇게 했듯이
드러나지 않게 사랑하십시오

사랑이 깊고 참된 것일수록 말이 적습니다
아무도 모르게 도움을 주고
드러나지 않게 선을 베푸십시오
그리고 침묵하십시오
변명하지 말고
행여 마음이 상하더라도 맞서지 말며
그대의 마음을 사랑으로

이웃에 대한 섬세한 사랑으로

가득 채우십시오

사람들이 그대를 멀리할 때에도

도움을 거부할 때에도

오해를 받을 때에도

말없이 사랑하십시오

그대의 사랑이 무시당하여

마음이 슬플 때에도 말없이 사랑하십시오

그대 주위에 기쁨을 뿌리며

행복을 심도록 마음을 쓰십시오

사람들의 말이나 태도가

그대를 괴롭히더라도

말없이 사랑하며 침묵하십시오

그리고 행여 그대의 마음에

원한이나 격한 분노와 판단이

끼어들 틈을 주지 말고

언제나 이웃을 귀하게 여기며

묵묵히 사랑하도록 하십시오

끊어진 반지처럼 그저 한 순간의 만족을 주는 물질, 한낱 헛될 수 있는 그런 물질들에 사로잡힌 인생을 살지는 말아야겠다고 다짐해본다. 그 탐욕의 자리를 대신하여 한 사람이라도 좋으니, 구군가를 위한 배려의 자리를 마련해야겠다. 시에서처럼 '드러나지 않게', '말없이', '묵묵히' 그렇게 배려해야겠다. 사랑해야겠다.

오늘 이 배려의 자리, 사랑의 자리에 앉을 주인공은 과연 누구일까. 즐거운 마음으로 마주칠 누군가를 기다린다. 이런 마음만 있다면, 그곳이 어디든 천국이 아니겠는가. 그래, 지금 나는 연구실이 아니라 천국에 앉아 있다.

Here,
밝 양미에

스스로를 치유하는 습관

자신이 추구하는 일, 목표, 이상에 다가가기 위해서는 넘어야 할 산이 무척이나 많다. 그 중에서도 정말 극복하기 힘든 것이 있는데 그것은 다름 아닌 자기 스스로 발목을 잡고 마는 '무기력증'이다.

무기력증에 빠지는 이유는 대략 세 가지로 나눌 수 있다. 첫째는, 주변인으로부터 인정을 못 받았을 때. 둘째는, 자기 스스로 목적의식을 상실했을 때, 셋째는 자기가 정한 목표에 도달하지 못했을 때이다.

이런 무기력증에 대처하는 태도와 행동에 따라 그 이후의 삶의 모습은 크게 달라질 수 있다.

많은 학생들이 내 연구실에 찾아온다. 그 중 대다수 학생들에게서 발견할 수 있는 것은 정말 인정하기는 싫지만, 바로 무기력증

이다. 얼마 전, 나를 찾은 한 남학생은 자신의 고민을 이렇게 털어
놓았다.

"나름대로 동아리 활동도 열심히 하고, 학과 일을 위해서 열심
히 저를 희생했습니다. 그런데 돌아온 것은 형편없는 학점과 불안
한 저의 미래입니다. 곧 취업을 앞두고 있는데, 그동안 취업준비
만 해온 친구들에 비해 저는 훨씬 뒤쳐진 느낌이 듭니다. 모든 일
에 자신이 없습니다. 취업도, 학교생활도 모두 다요."

전형적인 무기력증이었다. 나는 성심성의껏 상담을 해주고는
이런 생각에 잠겼다.

'우리나라의 장래를 짊어질 20대 초중반 학생들이 지금 겪고
있는 현실은 너무도 안타깝다. 하지만 이것이 그들의 입을 통해
핑계로 언급되서는 안 된다.'

왜냐면, 누구나 똑같은 조건이지만 이에 굴하지 않고 자신만의
뜻을 세우고 또 이루는 청년들도 많기 때문이다.

직장인들도 마찬가지다. 많은 이들이 직장의 문제, 사회의 구조
적 문제를 들이대며 한탄을 늘어놓기 일쑤다. 그러나 그 순간에도
유쾌한 기분을 유지하고, 즐겁게 일하며 미래의 비전에 가슴 벅차
하는 이들 또한 많다.

과연 그들에겐 앞길을 가로막는 장애물들이 저절로 다 비켜나

주기라도 한단 말인가. 아니다. 절대 그럴 리는 없다. 단, 문제를 해결하는 방법에서 차이가 있을 뿐이다. 대다수의 사람들은 문제를 딱딱한 벽처럼 서서 받아들인다. 아니, 튕겨내 버린다. 문제는 문제로서, 자신은 자신으로서 전혀 융화되거나 교류하지 않는다. 그러면서 문제를 배격하거나 헐뜯거나 저주하는 말과 태도를 보인다. 그것으로 문제가 해결될까? 극복될까? 아니다. 문제는 지속 반복될 것이고, 그 횟수가 거듭될수록 그 스트레스 수치는 폭발적으로 치솟을 것이다. 그 최종 결과가 바로, 스트레스 과잉으로 인한 무기력증이다.

주변에 가끔 보이는 유유자적하는 사람들에게는 대체 어떤 비법이 있을까. 생각 외로 간단한 방법을 취한다. 외부의 자극, 문제, 혼란에 대해 벽같이 반응하는 것이 아니라, 스펀지같이 반응하는 것이다. 즉, 문제를 자연스럽게 받아들이고, 자신의 사고와 행동을 그에 맞게 조금씩 변화시킨다.

그것이 바로 내면의 자기치유 과정인 것이다. 사람은 누구나 문제가 닥치면 정신적으로 피곤해지고 그것을 회피하고자 한다. 그러나 정말 피할 수 없는 문제라면 어떻게 해야 할까. 그를 받아들이고 인정해야 한다.

예를 들어, 당신을 윽박지르기만 하는 권위적이고 무능한 상사가 있다고 치자. 상사나 당신 둘 중에 한명이 자리를 옮기면 문제는 쉽게 해결되겠지만, 근시일 내에 그렇게 되기를 바랄 수 없다. 이럴 때 당신은 어떤 선택을 하겠는가.

A) 지속적으로 상사를 욕하면서 무시해버린다.

B) '그도 사실은 불쌍한 사람'이라고 생각하면서 현실을 받아들인다.

A를 선택하는 경우, 삶이 무척 건조해진다. 딱딱해진다. 빡빡해진다. 본인도 모르는 사이, 점점 성마른 사람이 되어간다. 이런 갈등상황이 주변에 단 한 건이라면 괜찮지만, 하루에도 여러 사람과 여러 번 벌어지는 일이기에, 번번이 감정적으로 소용돌이를 일으키게 된다면 정작 자신이 지키고 가야 할 본류로부터 멀어지게 된다. 어느 순간 원하지 않은 곳 어디에선가 표류하고 있는 자신을 발견하게 된다. 그때는 되돌릴 수 없다. 상황이 당신으로 하여금 모든 것을 그냥 놓아버리고 싶게 만든다.

B를 선택하게 되면, '별 것 아닌 일을 그저 별 것 아닌 것으로 생각'하며 가볍게 넘기게 된다. 큰 짐도, 부담도, 장애물도 아니다. 하루 일과 중 그저 스치고 지나가는 사소한 일일 뿐이다.

당신 앞에 놓인 어떤 사건이 당신에게 영향을 미치려고 한다면, 이왕이면 작은 일은 작게, 커질 수 있는 일도 작게 가볍게 여기고 넘어가도록 하자. 그래야, 당신이 소중하게 생각하는 것, 중요하게 여기는 그 대상에 전념할 수 있는 것이다.

왕복 4차선 도로를 머리에 떠올려보자. 그 4차선 도로에 4개 차선 모두가 자가용, 택시, 버스, 화물차 등으로 꽉 차 있다고 생각해보자. 아무리 최고 시속을 자랑하는 스포츠카인들 무슨 소용이 있겠는가.

당신이 소중하게 생각하는 것, 그것에 충실하기 위해서는 잡다한 것을 걷어내야 한다. 그래야, 스포츠카가 쾌속질주 할 게 아닌가.

다른 삶을 원한다면
다르게 행동할 것

원래 마케팅 용어였던 '차별화'는 이제 직장인이라면 누구나 아는 일반 명사가 되었다.

'이 신제품을 좀 더 차별화시킬 방법이 없을까?'

'고객 서비스의 차별화 방안으로 이런 건 어떨까요.'

'직원 복지 증진을 위해서 이런 차별화된 행사를 할까 하는데…'

'김 대리는 벌써 외모부터 차별화가 되잖아요.'

이런 식으로 업무에서는 물론, 일상 대화에서도 흔하게 쓰인다.

차별화한다는 것은 결국, 남과 다른 자신만의 독특한 무엇을 만들어낸다는 것이다. 그런 의미에서 본다면, 많은 사람이 모여 있는 어떤 사회에서든 자신을 차별화시킨다는 것은 여러모로 이점이 있다. 특히, 직장 내에서는 더욱 그렇다. 상사나 동료들의 머릿

속에 '그저 그런', '별 특징 없는', '뚜렷한 이미지가 없는' 직원으로 맴돌기보다는 '뭔가 다른', '눈에 띄는 특징이 있는', '확실한 이미지가 있는' 직원으로 각인되어야 한다.

정말 중요한 선택은 그 다음이다. '좋다, 그렇다면 무엇으로 어떻게 다르게, 어떤 특징으로, 어떤 이미지로 자신을 부각시키는가'이다. 중요한 판단 기준 하나를 제시하고자 한다.

바로, '남들이 본받을 만한 요소인가'의 여부이다.

차별화하기 위해서 선택할 수 있는 요소들은 부지기수다. 그 중에서도 우리는 너무나도 쉽게 이런 외형적인 차별화 포인트를 선택하곤 한다. '술을 가장 잘 마시는 직원', '잘 노는 직원', '옷을 잘 입는 직원', '재테크를 잘 하는 직원'.

물론, 이런 외형적인 모습들이 무조건 나쁜 것은 아니지만, 만일 그런 욕구에 지배당하는 삶이 지속될 경우에는 그 구속력이 결국 본인의 삶을 물질적인 것, 외형적인 것에 집착하게 만든다.

가장 바람직한 차별화는 성품의 차별화, 인성의 차별화, 내면의 차별화다.

'회사에서 가장 정직한 사람', '가장 인자하고 덕이 있는 팀장', '가장 지혜롭고 현명한 상사', '가장 진실하고 거짓이 없는 영업사원', '희생정신이 투철하고 책임감이 뛰어난 직원'.

이런 평가의 주인공들이 바로 '본받을 만한' 차별화의 주인공들이다.

내가 아는 분 중, 가장 '본받을 만한' 차별화의 주인공 몇 분을 소개하고자 한다.

우선, 내가 몸담고 있는 학교의 한 노교수님. 이 분은 예순이 넘은 연세에도 불구하고 '가장 겸손한 교수님'으로 모두에게 기억되고 있다. 교수 사회가 일반 회사 조직에 비해 폐쇄적인 데다가 다들 나름대로의 학력과 경력이 있기에 자신을 낮추기보다는 자신을 더 드러내어 높이는 경향이 짙다. 그러기에 자신을 낮추고 남을 높여주는 그 교수님의 성품은 더더욱 빛이 난다.

그는 본인의 아들뻘 되는 신참 교수에게도 예외 없이 완벽한 높임말을 사용하신다. '김 교수님, 지난 주말에 사모님하고 자제분들하고 즐거운 시간 보내셨어요?' 더 고개가 숙여지는 부분은 자리에 없는 신참 교수를 칭할 때에도 어김없이 완벽한 존칭어를 사용한다는 것이다. 나는 이런 생각이 절로 들었다. 이 분이 어디에선가 나를 지칭할 때도 이렇게 존대해주시겠구나. 교수님에 대한 믿음과 존경의 마음이 화수분처럼 마르지 않고 우러나오는 것은 당연지사다.

또 한분의 '본받을 만한' 차별화의 주인공은 나를 진정한 기획

자의 길로 인도해주신 분으로 내가 기획자로 첫발을 내딛는 순간
부터 지금까지 기획자로서의 명확한 목표의식과 바람직한 태도
를 견지할 수 있게 만들어주신 분이다. 나에겐 자랑스러운 선배
기획자이면서 존경스런 스승님이시다.

그분은 항상 새로운 것에 대해 오픈 마인드로 받아들이신다. 그
누구의 의견이라도 반박하거나 무시하지 않으신다. 견해 차이가
있더라도 그저 한참 동안을 잠잠히 들을 뿐이다. 그리고 그 의견
의 옳은 점과 발전가능성을 먼저 이야기한다. 발언자조차 생각하
지 못한 멋진 아이디어의 진화가 이루어지기도 한다. 어떤 생각과
아이디어라도 연결시키고 발전시키면 탁월한 아이디어가 될 수
있다는 믿음을 갖고 있고, 또 그 믿음을 실천으로 몸소 보여주신
다.

결국, 기획이란 혼자만의 고독한 작업이 아닌, 여러 사람들의
생각과 의견을 모아 발전시키는 공동작업이라는 가르침을 나에
게, 또 주변의 많은 사람들에게 알려주신다. 그 뿐이 아니다. 포용
력을 키우기 위해서는 그 무엇보다 본인 스스로 많은 지식과 경험
을 축적해야 한다는 것 또한 일상 속에서 보여주신다. 그 어떤 프
로젝트에 임하든 그와 관련한 자료와 서적을 정말 '미친듯이' 독
파하는 모습을 옆에서 지켜보며 나는 몇 번이나 혀를 내둘렀던 기

억이 난다. 그래서일까. 그분은 프로젝트의 디데이가 다가올수록 오히려 침착하고 차분해진다. 대다수의 기획자들은 시간이 촉박해질수록 더 바빠지고, 정신없어지고, 덤벙대고, 신경이 예민해지는 것과 정반대다. 더 여유 있고, 냉철해지고, 포용력이 커진다.

이런 분을 곁에 두고 일을 배울 수 있었으니, 나로서는 커다란 행운이 아닐 수 없다.

이렇듯, 외형이 아닌 내면의 모습과 태도가 남다른 사람들, 그 누구라도 고개가 숙여지는 그런 이들을 나는 닮고 싶다. 그렇게 나도 진정한 의미의 차별화된 삶을 살고 싶다.

세상에서 가장 아름다운 옷

레드카펫에 오르는 여배우들의 화려한 드레스를 보며 우리는 감탄한다. 최고의 디자이너들이 최고의 여배우를 위해 특별 제작하는 옷들이다. 그날만큼은 그 어떤 이보다 더 아름답게 보이고 싶은 게 여배우들의 욕망일 것이다. 그러니 현존하는 옷 중 가장 아름다운 옷을 고르고 골라 입고서 카메라 앞에 서는 것이다.

물론, 그들의 옷은 아름답다. 그러나 세상에서 가장 아름다운 옷은 아니다. 세상에서 가장 아름다운 옷은 따로 있다.

그러므로 여러분은 하나님께서 택하신 사람들, 곧 거룩하고 사랑하심을 받은 사람들같이 긍휼과 친절과 겸손과 온유와 오래참음으로 옷 입으십시오. (골로새서 3: 12)

내 연구실 액자에 걸려있는 성경 말씀이다. 하나님의 말씀을 전하기 위해 일생을 바친 인물, 바울이 전도 지역 중 하나인 골로새라는 곳 주민들에게 전하는 메시지 중 한 구절이다.

이 구절에는 다섯 개의 덕목이 나열되고 있다. 긍휼, 친절, 겸손, 온유, 그리고 오래참음. 이렇게 다섯 가지의 덕목을 갖추는 것이야말로 이 세상에서 가장 아름다운 옷을 입음과 같다는 것이다.

긍휼

긍휼의 마음은 공감에서 온다. 그것도 아픈 사람, 병든 사람, 굶주린 사람, 시련을 겪는 사람, 외로운 사람, 버림받은 사람, 절망에 빠진 사람, 낮은 자리에 있는 사람, 헐벗은 사람의 마음과 함께 하는 것이다.

얼핏 생각하기에도 그것은 아무나 할 수 있는 쉬운 일은 아닌 듯하다. 그저 떠오르는 것은 '테레사 수녀'의 모습 정도. 그분 정도라면 긍휼의 마음을 갖고 있다 할 수 있겠다.

하지만 조금 용기를 내어본다. 나도 아주 미력하지만 아프고, 힘들고, 외롭고, 괴로운 사람들을 위해 할 수 있는 일에 도전해보련다. 예수님은 이렇게 나를 안심시키신다. '가장 위대한 행동은 바로 한 사람을 안아주는 것'이라고. 그래, 하루에 한 사람에게 위

로와 격려를 주자. 하루에 한 사람에게 사랑과 자비를 베풀자.

친절

이건 긍휼보다 조금 쉬워 보인다. 그렇다고 만만한 일은 아니다. 내 상황과 기분에 관계없이 친절을 베풀 수 있어야 그게 진짜 친절이니까. 과연 나는 그렇게 할 수 있을까. 새기고 새겨야 할 대목이다. 내가 힘들 때에도 친절을 베풀도록 노력하자.

김수환 추기경은 이런 말을 남겼다.

"세상에 불만이 가득하다면 누군가에게 '도와드릴까요?'라고 말해보세요. 봉사는 세상에 대한 사랑을 키우는 좋은 방법이니까요."

그래, 오늘 하루 만나는 사람들에게 먼저 손을 내밀어보자. 그리고 '도와드릴까요?'라고 말해보자.

겸손

가장 우선적인 겸손은 하나님 앞에서의 겸손이다. 나의 욕심을 내려놓고 하나님께 의지하고 순종하는 삶, 이것이 바로 성경적 의미의 겸손이리라. 그리고 세상적인 겸손도 놓쳐서는 안 된다. 참된 겸손은 나를 내리는 것이 아니라, 남을 높여주는 것이다. 그때

비로소 상대적으로 내가 낮아지는 것이다. 그런데 나의 마음은 늘 누구보다 앞서기를 바라고, 더 인정받기를 바라고, 더 알려지고 높여지고 더 쓰임받기를 원한다. 교만의 겸손에 대한 도전은 계속될 것이다. 잠시라도 방심하면 교만에 지고 만다. 지키고 또 지킬 일이다.

온유함

성내지 않음, 온화함, 침착함, 유순함. 이 모든 것이 온유함을 이루고 있는 성분들이다. 모두 다 부족하지만, 나에겐 특히 부족한 부분이다. 툭하면, 화가 치밀어 오르고 또 그것을 거침없이 표현해버리곤 한다. 그런 행위는 매번 주변 사람에게 피해를 주고 화를 입히게 된다. 부끄러운 고백이지만, 나의 아내는 내가 마흔이 되었을 때 '불혹'의 나이가 아니라 '불욱'의 나이가 되었다고 일러주었다. '불욱'이란 화나는 일이 생겨도 욱하지 말라는 의미에서 아내가 만든 말이다.

과감하게 도전하련다. 온유함에.

마지막, 오래참음

온유에 자신이 없으니, 오래참음에도 꼬리를 내릴 수밖에. 쉽게

조바심내고, 짜증내고, 포기하려 한다. 진득하게 버티고 기다리며 관망하는 자세를 길러야 할텐데. 쉽게 얻어지는 게 없음을 머리로는 점점 더 확실히 알아가지만, 역설적이게도 마음은 점점 갈급해짐은 어떤 연유인지. 도전을 거듭하면 정복하는 날이 오지 않겠는가.

긍휼과 친절과 겸손과 온유와 오래참음의 옷을 입고 싶다. 이 세상에서 가장 아름다운 옷을 나도 입고 싶다. 과연, 죽기 전에 그 옷을 단 한 번이라도 걸쳐볼 수나 있을까.

아니다. 의심과 회의 대신에 꼭 입어보겠다는 확신으로 마음을 바꿨다. 그 옷을 입고 멋지게 강단에 설 것이다. 그 옷을 입고 멋지게 거리를 활보할 것이다. 그 옷을 입고 멋지게 하나님의 부름을 받을 것이다.

cloud
breeze
그리고
파랑새

온 세상이 당신을 응원하고 있다

인도네이사와 태국을 휩쓴 쓰나미. 중국 스촨성, 아이티를 폐허로 만든 대지진.

자연 앞에서 너무나 작고 가볍고 보잘것없는 인간. 백년 천년을 살아갈 듯, 이것저것 취하고 탐하고 쌓아놓으려 하는 인간. 그러나 우리네 삶은 어떠한가. 한 줄기 바람에 날아가는 깃털일 뿐이다.

위대한 자연 앞에서, 모든 만물의 창조주 하나님 앞에서 우리가 무릎 꿇고 모두 내려놓은 채 기도해야 하는 이유다.

우리는 한치 앞의 시간도 내다볼 수 없다. 아무리 용한 점쟁이, 점술가, 예언가를 불러 모은다 한들 한 시간 후, 어떤 일이 일어날지 알아맞출 수 있겠는가. 우리의 목숨도 이와 같다. 우리 인생 앞에 놓인 길흉화복 모두가 그러하다. 내 인생에서 언제 어떤 길한 일이, 흉한 일이 벌어질지 모른다. 어느 때 어느 곳에서 화를 입을

지, 복을 받을지 우린 도무지 알 도리가 없다. 오직 하나님만이 모든 것을 주관하신다. 그러니 '나는 모든 것을 통제할 수 있다'고 여기는 큰 착각을 내려놓아야 한다.

　나는 지금 세종시에서 학생들을 가르치고 있다. 나는 인천에서 태어나 중고등학교를 마쳤고, 스무 살 대학생 때부터 줄곧 서울에서 살아왔다. 충무로에서 직장생활을 시작했고, 압구정, 신사, 논현, 삼성동 등에서 사무실을 옮기며 사업을 해왔다. 그러던 내가 이렇게 낯선 땅 세종시에서 살게 될 줄을 누가 알았던가. 더구나 대학생을 가르치는 일을 하게 될 줄이야. 교수가 되기만을 희망하며 젊은 날을 논문과 강의로 불태운 수많은 교수님들에게는 죄송한 얘기지만, 나는 크게 바라본 적도 없이 이렇게 교수가 되었다. 하나님의 계획하심이 아니라면 설명이 불가하다. 이 글을 쓰는 순간 나는 하나님의 계획하심에 한 번 더 고개를 숙이고 더욱 내려놓아야겠다고 다짐해본다.

　나의 삶은 하나님의 계획하심 안에서 운행되고 있다. 그 안에는 축복과 영화가 있듯이, 낙망과 고난도 있다. 그러나 결국, 하나님

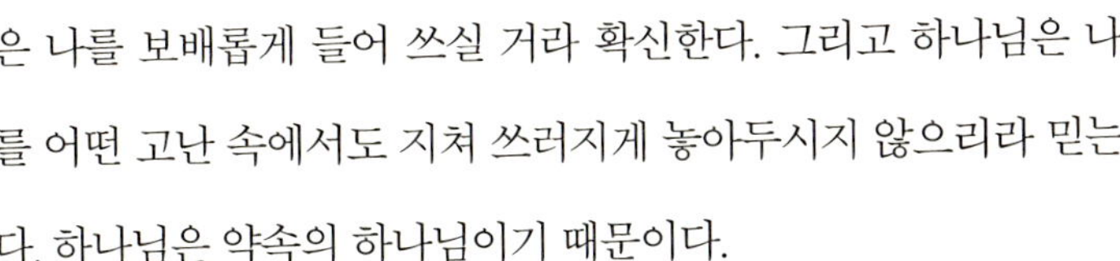

은 나를 보배롭게 들어 쓰실 거라 확신한다. 그리고 하나님은 나를 어떤 고난 속에서도 지쳐 쓰러지게 놓아두시지 않으리라 믿는다. 하나님은 약속의 하나님이기 때문이다.

산들이 옮겨지고 언덕이 흔들려도 내 사랑은 네게서 옮겨지지 않고 내 평화의 언약은 흔들리지 않을 것이다.

내가 홍옥으로 벽을 쌓고 사파이어로 주춧돌을 놓겠다. 루비로 뽀족탑을 만들고 반짝이는 석류석으로 성문을 만들고 보석으로 모든 성벽을 둘러쌓겠다.

네 자녀들은 모두 여호와께 가르침을 받고 평화를 마음껏 누릴 것이다.

너는 정의로 굳게 서겠고 압제는 네게서 멀어질 것이니 두려워할 일이 없을 것이다. 공포마저 멀리 사라져서 네게 가까이 오지 못할 것이다.

너와 다투는 사람들이 생기겠지만 그것은 내가 허락한 것이 아니니 너와 다투는 사람들이 너 때문에 무릎을 꿇을 것이다.

보라 숨을 불어 숯불을 피우고 쓸 만한 무기를 만들어 내는 장인을 창조한 것은 바로 나다. 또 부수고 파괴하는 사람들도 내가 창조했다.

너를 치려고 만든 무기는 성능을 다하지 못하고 너를 고소해서
법정에 세우는 혀마다 도리어 패소할 것이다. 이것은 여호와의 종
들이 받을 몫이고 내가 그들에게 주는 권리다. 여호와의 말이다.
(이사야 54: 10~17)

많은 이들이 특권을 자랑한다.

정치계에 있는 사람들은 권력을 자랑한다. 권력 앞에서 사람들
이 쩔쩔매는 모습을 보며 흐뭇해 한다. 자기 발아래 있는 사람들
을 점점 더 가벼이 보게 된다. 필요하다면 돈도 명예도 손에 넣을
수 있다고 여긴다. 그렇게 권좌의 삶에 매료된 채 참다운 인간미
를 상실해간다. 사업하는 이들은 또 어떤가. 어느 순간부터 초심
을 잃은 채 손에 쥐어지는 돈을 위해서라면 어떤 대가라도 치르
겠다 마음먹는다. 노동자의 권리, 소비자의 권리를 가벼이 여긴
다. 무소불위의 권력과 손을 잡고 사업권을 따내고 또 유지하려
한다.

비록 정치권에 줄 하나도 없고, 수중에 큰돈조차 없는 그런 나이
지만 권력자도 부자도 부럽지 않다. 나에게는 나만의 특권이 있기
때문이다. 세상에서 주어진 어떤 특권보다도 값진 특권. 그것은 바
로 ‘하나님의 영원한 보호하심과 오직 나만을 위한 계획하심의 축

복'이다. 이보다 귀한 특권이 이 세상 위에 과연 있기나 할까.

오늘 페이스북에 올린 나의 글이다.

군대 가는 제자, 남친 군대 보내는 제자, 영국에서 호주로 날아 간 제자, 영하5도 철원에서 행사 준비하는 제자, 예비군복 입고 큰 웃음 주는 제자, 군 제대하고 사회적응중인 제자, 영상호프에 서 한잔 하는 제자, 사업해서 돈 벌어 자기 집 짓는 제자, 학교를 떠나 개그맨에 도전하는 제자, 입사한 지 3일째 모든 게 어리둥절 한 제자, 자소서 쓰느라 머리 쥐어뜯는 제자, 1 더하기 1은 귀요미 하고 있는 제자….

이들이 있음에 감사하다. 모두 건강하고 행복하길 ^^

이 글에 수많은 제자들이 '좋아요'를 누르고, 댓글을 달아준다.

— 한겨울에 손난로처럼 따뜻한 글이에요.

— 늘 걱정해주시고 응원해주시는 교수님이 계셔서 저희는 행

　복합니다. :)

― 교수님 뵙고 싶습니다. ^^ 조만간 시간 내서 놀러갈게요.

― 교수님 곧 한국에서 찾아뵙겠습니다.

― 교수님 저도 저기 틈에 한자리 차지하고 싶네요. 자나깨나 교수님 생각하는 제자요.

― 교수님 결혼 준비하는 제자도 추가요~~ㅎㅎ

― 교수님 궁동에서 커피내리고 있는 제자도요. ^^

내가 원한다고 이런 일상을 만들어낼 수 있겠는가? 머릿속에 그려본들 현실이 될 수 있을까?

아니다. 내가 하는 일이 아니다. 오직 그분이 하시는 일이다.

지금 내가 해야 할 일은 그분에게 맡기는 일이다. 주어진 축복에 감사하며 지금 내 눈앞에 놓인 일에 충실히 임할 뿐이다.

너는 나로
나는 너로
그려면은
우리는

당신의 마음에
밝은 불을 켜기 위해

"교수님, 이거요~"

여학생이 고개를 쏙 내민다.

"응. 누구?"

"저요. 커피 드릴려구요. 그리고 여기 쪽지도 있어요."

쑥스러운 듯 뭔가를 내밀고는 바로 문을 닫고 총총 사라진다.

나는 서너 번 겹겹이 접힌 쪽지를 펼쳤다.

'교수님, 저 ○○이에요.

그냥 교수님이 좋아서 커피 한잔 사드리고 싶었어요.

그리고 쪽지도 한번 써봤어요.

교수님, 오늘 수업 시간에 칭찬해주서서 너무 감사해요.

제가 원래 그런 거 못해서 교수님께서 일부러 더 칭찬해주시고 격려해주시는 거 다 알아요.

그래서 감사합니다.

‘프레젠테이션 실습’ 시간이 저에겐 힘들면서도 제일 재미있는 수업이 됐어요. 그래서 정말 좋아요. ^^

첫 시간에도 제가 이런 것 진짜 못한다고, 앞으로 열심히 해서 발전하고 싶다고 했던, 그런 저의 말들을 하나하나 교수님은 다 기억하고 계신 것 같아요.

교수님은 정말 감동이에요!!

앞으로도 더 열심히 하겠습니다!!

교수님 사랑해요.

제자 ○○ 올림

나는 가슴이 따뜻해졌다. 그리고 커피를 한 모금씩 음미하기 시작했다. 별로 예민하지 못한 미각이라 커피 맛을 구분할 줄은 모르지만, 나는 이 세상에서 가장 맛있는 커피를 마실 수 있었다. 때마침 따뜻한 오후 햇살이 연구실 안을 가득 채워주었고, 내 컴퓨터에서는 멋진 CCM이 흐르고 있었다.

내 모든 시험 무거운 짐을 주 예수 앞에 아뢰이면

근심에 싸인 날 돌아 보사 내 근심 모두 맡으시네

내 모든 괴롬 닥치는 환란 주 예수 앞에 아뢰이면

주께서 친히 날 구해주사 넓으신 사랑 베푸시네

무거운 짐을 나 홀로 지고 견디다 못해 쓰러질 때

불쌍히 여겨 구원해줄 이 은혜의 주님 오직예수

내 짐이 점점 무거워질 때 주 예수 앞에 아뢰이면

주께서 친히 날 구해주사 내 대신 짐을 져주시네

무거운 짐을 나 홀로 지고 견디다 못해 쓰러질 때

불쌍히 여겨 구원해줄 이 은혜의 주님 오직예수

내 모든 시험 무거운 짐을 주 예수 앞에 아뢰이면

근심에 싸인 날 돌아 보사 내 근심 모두 맡으시네

마음의 시험 무거운 죄를 주 예수 앞에 아뢰이면

예수는 나의 능력이 되사 세상을 이길 힘 주시네

무거운 짐을 나 홀로 지고 견디다 못해 쓰러질 때
불쌍히 여겨 구원해줄 이 은혜의 주님 오직예수

내 근심을 모두 맡으시고, 사랑을 베푸시고, 모든 짐을 져주신다. 이 세상을 이겨낼 만큼 큰 힘을 주셨으니 그 힘으로 나는 무엇을 해야 하나.

너희가 굶주린 사람에게 먹을 것을 나눠주고 가난한 노숙자를 집에 맞아들이는 것이 아니냐? 헐벗은 사람을 보면 옷을 입혀 주고 네 혈육을 못 본 체하지 않는 것이 아니냐?

그렇게만 하면 네 빛이 새벽 동녘처럼 터져 나올 것이고 네 상처는 빨리 아물 것이다. 그리고 네 옳음을 밝혀 주실 분이 네 앞에 가시고 여호와의 영광이 네 뒤에서 보살펴 주실 것이다. 그때야 비로소 네가 부르면 여호와께서 대답하실 것이다. 네가 도와달라고 외치면 그는 '내가 여기 있다' 하고 말씀하실 것이다. 네가 너희 가운데서 억누르는 멍에와 손가락질과 못된 말을 없애 버린다면 네가 굶주린 사람에게 열정을 쏟고 괴롭힘을 당하는 사람의 소

원을 들어준다면, 네 빛이 어둠 가운데 떠올라서 네 어둠이 대낮
처럼 밝아질 것이다. (이사야 58: 7~10)

나를 믿고 나를 따르는 학생들이야 말로 나에게 주어진 힘을 쏟
아부어야 할 대상이다. 나는 그들의 이야기에 귀 기울이고 그들의
소망을 위해 함께 기도하고 노력해야 한다.

그들의 부족함을 탓하기보다는 덮어주고, 채워주고, 나아지게
해야 한다. 뒤집진 채 명령하고, 지시하기보다는 손을 꼭 잡고 이
끌어주어야 한다. 작은 성공에도 함께 기뻐하고, 아름다운 칭찬과
격려의 말을 아끼지 말아야 한다. 그것이 나에게 주어진 소명이
다. 내가 있는 이곳이 가나안 땅이라는 비전을 가진 이상, 내가 해
야 할 일은 이미 정해져 있다. 하나님은 놀랍게도 이 모든 것을 계
획하셨던 것이다.

나는 아이들을 더 존중할 것이다. 더 신뢰할 것이다. 그러기 위
해 더 이해하려 노력할 것이다. 그러기 위해서 많이 들어주고 또
이야기해줄 것이다. 그들은 모두 하나님의 고귀한 아들딸이요, 아
름다운 창조물이기 때문이다.

사랑의 통로가 되고, 축복의 통로가 되고, 기회의 통로가 되어

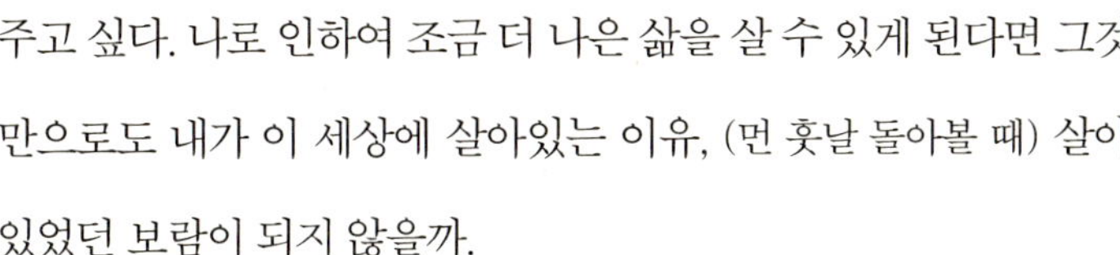

주고 싶다. 나로 인하여 조금 더 나은 삶을 살 수 있게 된다면 그것만으로도 내가 이 세상에 살아있는 이유, (먼 훗날 돌아볼 때) 살아있었던 보람이 되지 않을까.

세상에서 가장 맛있는 커피를 마시는 나만의 특권을 계속 누리기 위해서라도 나는 나의 미션에 충실할 것이다.

그분 앞에 서서 환한 웃음과 함께 '미션 컴플리트!(임무 완수)'를 외치게 될 그날까지.

하루에 한 사람만

욕심이 날 때가 있다.

많은 사람들로부터 인정받고 싶고, 사랑받고 싶다.

욕심은 거기에서 그치지를 않는다. 직장에서, 모임에서 그 어디에서든 주목받는 중심인물이 되고 싶다. 또한 주변 사람들에게 영향력을 미치는 능력자도 되고 싶다.

과연 이 욕심을 모두 채울 수 있을까.

위에 열거한 욕심들은 모두 인간이라면 누구나 갖고 있는 기본적인 욕구이다. 그러니, '나만 욕심쟁이인가 봐' 하고 자책할 필요는 없다. 모든 인간은 부분적으로 스크루지를 닮았고 나르시스를 닮았고, 또 이카루스를 닮았으니까.

그러나 이러한 욕심들이 불쑥불쑥 튀어나와 나의 일상을 망가뜨리거나, 시야를 흐리게 하는 일만큼은 막아야 한다. 며칠 전, 한

154..

젊은 직장인의 고민 상담을 해준 적이 있다. 그의 고민은 이랬다.

회사 내에 동기들끼리의 비공식적인 모임이 있다. 특별한 목적 의식은 없고 그저 서로 원할 때 가볍게 맥주 한잔 하면서 친목을 다지는 정도였다. 그런 모임을 갖던 어느 날, 한 동기와 가벼운 말다툼을 벌이던 중 홧김에 술잔을 내려쳐 깨뜨리고 말았다. 분위기는 갑자기 험악해졌고, 동기들은 경계의 눈빛으로 그를 바라보았다. 그 사건 이후 동기들은 그를 슬슬 피하는 눈치다. 일부러 다가가려 해도 왠지 물러서는 느낌이 든다. 동기들뿐 아니라 상사들마저도 그를 보는 눈빛이 달라졌다. 회사에 홀로 남겨진 듯 외로움이 엄습했다. 그러다 보니 업무에도 자신감이 없어지고, 다른 사람들과의 관계도 서먹해지고 있다.

이런 일이 그만의 고민일까. 사회생활을 하는 사람이라면 누구나 겪는 일이다. 내 사람을 만들고 싶은데 뜻대로 안 된다. 뜻하지 않게 작은 실수라도 저지르게 되면 악화의 속도는 몇 배 빨라진다.

마더 테레사는 이런 글을 남겼다.

한 번에 한 사람

　　　　　　—마더 테레사 수녀

난 결코 대중을 구하려고 하지 않는다.

난 다만 한 개인을 바라볼 뿐이다.

난 한 번에 단지 한 사람만을 사랑할 수 있다.

한 번에 단지 한 사람만을 껴안을 수 있다.

단지 한 사람, 한 사람, 한 사람씩만…….

따라서 당신도 시작하고

나도 시작하는 것이다.

난 한 사람을 붙잡는다.

만일 내가 그 사람을 붙잡지 못했다면

난 4만 2천 명을 붙잡지 못했을 것이다.

모든 노력은 단지 바다에 붓는 한 방울 물과 같다.

만일 내가 그 한 방울의 물을 붓지 않았다면
바다는 그 한 방울만큼 줄어들 것이다.

당신에게도 마찬가지다.
당신 가족에게도,
당신이 다니는 교회에서도 마찬가지다.

단지 시작하는 것이다.
한 번에 한 사람씩.

나는 이 시 속에 복잡하고 어렵기만 한 인간관계에 대한 명쾌한 해답이 들어있다고 생각한다.

단번에 모든 사람의 마음을 사로잡아버리고 싶지만, 현실적으로 불가능에 가깝다. 그렇다고 포기할 일은 아니다. '한 번에 한 사람씩' 안아주면 되는 것이다.

여기 한 축구선수의 고백을 들어보자. 축구선수라면 누구나 감독으로부터 팬으로부터, 또 동료 선수로부터 인정받고 사랑받는 선수가 되고 싶을 것이다.

'저는 어렸을 때부터 최고의 골게터가 되는 꿈을 꾸어왔습니다.

초등학교 시절부터 시작해서 프로선수가 된 지금까지 줄곧 공격수 역할을 해왔습니다. 그런데 저는 아직 최고의 골게터가 되지 못했습니다. 일 년 내내 후보신세를 면치 못하고 있습니다. 가끔은 이런 제 자신에게 화가 나기도 하지만, 존경하는 저의 감독님한테서 칭찬을 들을 때는 정말 날아갈 듯합니다. 동료들로부터도 열심히 한다는 얘길 자주 듣습니다. 그러다보니 새로운 꿈이 생겼습니다. 이런 성실한 모습을 계속 유지해서 2군 코치로 새로운 축구인생을 살고 싶다는 거죠. 한 사람으로부터 인정을 받는다는 것. 그것이야말로 참다운 인생의 맛이더군요. 저도 그렇게 후배 한 명 한 명을 인정해주고 감싸주는 훌륭한 지도자가 되고 싶습니다.'

우리는 작은 것의 소중함에 더 관심을 가질 필요가 있다. 그저 인정의 한마디, 격려의 한마디가 가득 쌓인 마음의 짐을 한 번에 덜어줄 수도 있는 것이다.

모든 것은 하나부터 시작됩니다.

한 곡의 노래가 순간에 활기를 불어넣을 수 있습니다.

한 자루의 촛불이 어둠을 몰아낼 수 있고, 한 번의 웃음이 우울함을 날려 보낼 수 있습니다.

한 가지 희망이 당신의 정신을 새롭게 하고, 한 번의 손길이 당신의 마음을 보여줄 수 있습니다.

한 개의 별이 바다에서 배를 인도할 수 있고, 한 번의 악수가 영혼에 기운을 줄 수 있습니다.

한 송이 꽃이 꿈을 일깨울 수 있습니다.

한 사람의 가슴이 무엇이 진실인가를 알 수 있고, 한 사람의 삶이 세상의 차이를 가져다줍니다.

한 걸음이 모든 여행의 시작이고, 한 단어가 모든 기도의 시작입니다.

(틱낫한, 〈마음에는 평화, 얼굴에는 미소〉 중에서)

누가 먼저 해주길 바라기보다는 내가 먼저 노래를 부르자. 촛불에 불을 밝히자. 희망을 이야기하고, 따뜻한 손을 내밀자.

한 걸음부터 시작하자.

선데이 모닝빵

일요일 아침의 해님은 그야말로 사랑스러워 꼭 안아주고 키스를 해주고 싶을 정도이다.

넉넉하고 충만한 기운이 넘치는 일요일 아침 8시. 늦잠을 조금 자도 될테지만 아하, 그럼 안 된다. 이 얼마나 좋은 아침인데, 이를 놓치면 아까울 뿐이다.

일어나 눈을 뜨면 어김없이 우리 돌쟁이 딸이 방긋방긋 해님을 보고 웃고 있다.

하하, 요 녀석도 역시 아빠를 닮긴 닮았나 보다. 두팔 벌려 만세를 외치고 인형들이랑 아침인사를 나누느라 이리저리 움직거리는 모습이 정말 바빠 보인다. 하얀 색의 자기 침대 안에서 곰돌이와 어김없이 옹알옹알 아침수다도 떤다.

아. 참 좋은 아침이다.

아내는 조금 늦잠을 재우는 게 좋을 듯 싶다. 밤새 보채는 요 녀석 우유 먹이느라 잠이 조금 부족했으리라.

이 좋은 아침, 난 내 아내와 딸을 위해서 근사한 아침식사를 만들어야겠다는 결심을 한다. 좋은 아침이 좋은 아빠를 만드나 보다.

간단하지만 맛있고 무엇보다 오늘 아침에 꼭 맞게 어울리는 '샌드위치'를 준비해야겠다는 생각이 들었다.

"나 식빵 사러 갔다올게. 딸 좀 봐줘."

이제 세밑이 가까워지는 한겨울이라 나는 제일 두꺼운 점퍼를 걸쳐 입고 모자를 푹 눌러쓰고는 아내에게 한마디 던지고 거울을 쓱 한번 봤다.

'뭐 흉하진 않군, 세수도 안했는데.'

집에서 가장 가까운 슈퍼에 갔다. 그런데 전에 사 본적이 있는, 그리고 맛있게 샌드위치를 해먹었던 그 식빵은 없고 버터가 발라져 있어 좀 느끼했던 식빵만 있는 거다. 뒤돌아선 나는 길 건너편 슈퍼로 갔다. 역시 그 맛없는 식빵만 있다. 이제 조금은 초조해지기 시작했다.

'어, 이러다가 식빵을 못 사면 어쩌지?'

이번에는 우리 집에선 좀 멀지만 큰 길에서는 오히려 더 가까운 슈퍼에 갔다. 이 집에 없으면 뭔가 새로운 결정을 해야 할 것 같다.

"아저씨, 이 식빵 말고 다른 식빵은 없나요?"

"네, 다 팔렸는데요."

이런, 이 슈퍼에도 내가 찾는 식빵은 하나도 없고, 느끼한 버터가 발라져 있는 식빵만 있었다.

'내가 찾는 식빵이 잘 팔리는 건가? 아니면 이 느끼한 식빵이 잘 팔려서 많이 갖다 놓는 건가?'

나로선 알 수 없는 일이다. 시간이 많이 흘렀음을 알아차린 난 새로운 결정에 들어갔다.

'자, 이제 내가 찾는 그 식빵은 포기하자. 그냥 빵전문점에 가서 맛있는 빵이나 사자.'

그리고 큰길가에 있는 빵집에 갔다.

빵집에서 제일 처음 눈에 들어오는 건 다름 아닌 보기에도 먹음직스럽게 만들어지고 또 예쁘게 잘라져 포장되어 있는 샌드위치였다.

'내가 오늘 만들려 한 게, 내 아내와 딸을 위해 준비하려고 한 게 바로 저건데.'

이런 생각을 하던 난 그만 깜짝 놀랄 광경을 보았다.

아니, 평상시라면 전혀 놀랄 일이 아닌데 지금은 왜 그런지 엄청나게 깜짝 놀라버렸다. 내 눈에 들어온 광경은 다름 아닌 주방

쪽에 빵집 아저씨가 김이 모락모락 나는 식빵 덩어리를 들고 나오
는 바로 그 모습이었다.

'아, 식빵이다. 드디어 식빵을 만났다. 저 식빵은 정말 맛있겠다.'

내가 빵집에 와 있으면서 왜 식빵을 찾지 않았는지, 그 당연한
생각을 왜 안했는지, 그 이유는 지금 생각해도 도저히 모를 일이
다. 그러나 그때는 정말이지 순간 깜짝 놀랐다.

빵집에서 식빵을 본 나는 어찌나 그 모습이 반가운지 가벼운 탄
성이 나왔다.

"와우, 아저씨 그거 식빵 맞나요?"

"그럼요. 지금 바로 만들어서 아주 맛있을 겁니다. 허허."

아저씨는 그야말로 빵집 아저씨다운 말투로 화답해주었다.

"아저씨, 근데요. 저는 식빵이 조금만 필요하거는요. 그 식빵은
너무 커서요."

"이거 잘라드릴 테니 걱정 마세요. 허허허."

아저씨의 웃음소리에 내 마음은 꽁꽁 묶어놓았다가 풀어헤쳐
진 보따리처럼 확 풀어졌다. 아저씨와 그렇게 웃음을 주고 받으며
나는 집으로 향했다.

내 발걸음은 서른 몇 해 걸어온 그 어떤 날보다도 가볍고 신이
났다.

'사부작 사부작'

머릿속에서는 내가 만든 샌드위치를 맛있게 먹는 아내의 모습과 아빠 무릎에 포근히 앉아 아빠가 손으로 쪼금씩 잘라주는 샌드위치를 오물오물 씹어 먹을 딸의 모습이 떠올랐다.

집으로 가는 이 길이 세상에서 가장 행복한 길이다. 그리고 내 손에 든 이 식빵이야말로 세상에서 가장 값진 보물이다.

일요일 아침, 천 오백 원짜리 식빵을 들고 집으로 가는 나는 이 세상에서 가장 행복한 남자다.

(딸이 돌 때였으니, 지금으로부터 약 10여년 전에 쓴 글이다. 그때도 가족은 나의 엔돌핀 발전소였음을 알게 하는 반갑고도 사랑스러운 글이다.)

Peace 3.

낮아지는 자가 높이 쓰입니다

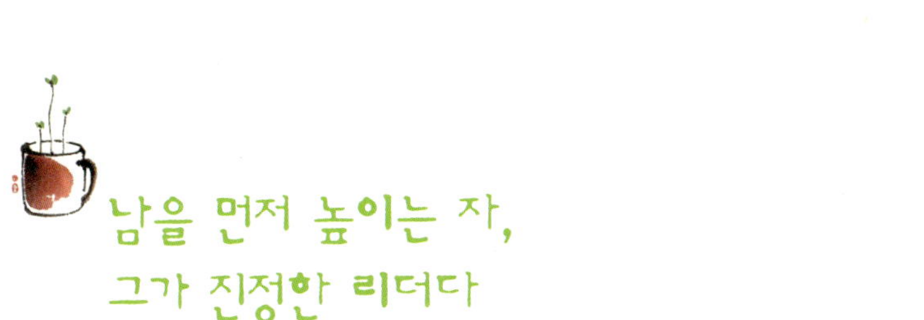

남을 먼저 높이는 자,
그가 진정한 리더다

현대를 살아가는 우리 모두는 리더이다.

('어, 나는 리더가 아닌데?' 하고 어리둥절한 사람이 혹시 있다면, 아래 설명이 큰 도움이 될 것이다.)

'리더', '리더십'이라는 말을 들으면 많은 이들이 반사적으로 '아, 그것은 기업이나 조직과 관련한 무엇'이라고 생각한다. 물론, 기업과 조직에서 '리더', '리더십'이라는 말을 많이 사용하는 것은 사실이다.

팀장급 이상은 물론이고, 사원 2년차 이상만 되도 '리더십' 교육을 받고, 또 스스로 바람직한 리더상에 대해 고민하기도 한다. 기업에서 볼 수 있는 일반적인 모습이다.

하지만 그것이 리더십의 전체를 설명해주지는 못한다.

한 가정의 아버지, 어머니라도 당신은 가정이란 사회를 이끌어가는 엄연한 리더다. 당신이 학창시절의 후배나 전현직 직장 후배들과 교류한다는 것은 그들에게 있어 당신은 리더라는 것을 의미한다. 온라인 동호회의 시삽을 맡아 회원들 관리와 정보제공, 그리고 정기모임 등을 주관하는 이도 역시 리더다. 직장 내 취미 동호회의 총무를 맡고 있는 직원도 역시 (회장이 아니더라도 틀림없는) 리더다. 학교에서 학생을 가르치는 선생님, 환자를 다루는 의사, 많은 고객 앞에 서는 영업사원 등도 모두 리더다.

내가 걸어온 길에 대입을 해보겠다. 직장생활 7년 반 동안 나는 늘 리더였다. 후배들에게 선배로서, 대리, 차장 등 직급이 올라가면 올라갈수록 그만큼 많은 직원들 앞에서 리더 역할을 해야 했다. 그 이후로 7년간 사업체를 운영하면서 나는 모든 임직원들의 리더였다. 내부적으로는 물론이고, 외부적으로도 즉, 클라이언트나 외부 협력업체 임직원들과의 관계에 있어서도 나는 리더의 위치를 지켜야 했다.

지금, 매년 학교 강의실에서 만나는 500여 명의 학생들 앞에서, 나는 교수인 동시에 리더다.

지식과 경험을 독자들과 나누는 작가로서도 역시 리더십을 발휘해야 한다. 나의 모든 사회생활은 리더로서의 생활이었고, 앞으

로도 그럴 것이라 해도 과언이 아니다.

당신도 마찬가지다. 여러 의미에서 리더다. 그렇기 때문에 스스로 인식은 못하더라도 리더이기 때문에 겪어야 하는 여러 가지 어려움과 혼란 속에 놓이곤 한다. 그러나 '리더이기 때문에 이 어려움을 만났다'는 인식이 없기 때문에, 즉 문제의 본질을 모르기 때문에, 해결책을 찾기는커녕 많은 이들의 답답함은 더 커질 뿐이다.

도대체 그 답답함이란 어떤 것들일까.

"제 신입시절 때는 그래도 선배님들을 따르고, 뭔가 조언을 자주 구하기도 했는데, 지금 후배직원들은 저를 그저 '먼저 들어온 사람' 또는 '잔소리나 하는 사람'으로밖에 안 봐요. 직장 선배들한테 별 관심이 없는 거죠."

"요즘 들어오는 사원들은 너무 개인적입니다. 팀장으로서 명령을 해도 개인 사생활을 먼저 당당하게 내세웁니다. 아니, 당당함을 넘어서 아예 뻔뻔함으로 무장한 듯 보입니다. 팀장 당장 때려치우고 싶어요."

"온라인 동호회 모임에서 부시샵을 맡고 있는데요. 회원들이 너무 이기적이어서 무슨 일 하나 하려면 너무나 힘들어요. 도대체, 어떻게 이끌어가야 할지 난감합니다."

"저희는 1년 전 두 회사가 합쳐져 만들어진 회사입니다. 제가 대표이사가 된 다음에 가장 큰 경영화두를 '화합'으로 삼았지만, 두 집단이 화합은커녕, 서로 반목하고 비난만 일삼고 있으니 큰일입니다. 이럴 줄 알았으면, 합병에 목숨 걸고 반대했을 겁니다."

"대학에서 학생을 가르치고 있습니다. 학생들로부터의 존경까지는 바라지 않습니다. 적어도 학생으로서 선생에게 지켜야 할 기본만이라도 지켜주었으면 합니다."

"치킨 전문점을 운영하며, 주방과 홀서빙, 배달 등 몇 명의 직원을 두고 있습니다. 요즘 들어, 직원을 채용하기도 힘들뿐더러, 빠르면 몇 주 만에 그만둡니다. 이러니, 장사보다 사람관리가 더 힘드네요."

이 밖에도 리더십과 관련한 푸념들은 하루에도 몇 번씩이나 들

을 수 있다. 이런 어려움과 답답함을 해결할 수 있는 뾰족한 방법이 있을까.

물론 있다. 그러나 우선 전제할 게 하나 있다. 그들이 변하기 전에 당신이 먼저 변해야 한다는 것이다. 이 전제를 받아들인다면 구체적인 실행방안을 제시한다.

그 실행방안은 바로, '남을 높이는 리더, 즉 낮은 자 리더'가 되자는 것이다.

'낮은 자 리더'의 정의는 이렇다.

남을 존중하고 높여줌으로써 그들이 자발적으로 역량을 최대한 발휘할 수 있게끔 하는 본질적 의미의 리더.

무엇이 옳은지를 실천으로 보여줌으로써 그들이 옳은 생각과 옳은 행동을 할 수 있게 하는 실천적 동기유발형 리더.

또한, 기업이나 팀, 조직의 목표를 가장 효과적으로 달성하게 만드는 가장 강력한 리더.

이 모든 것이 가능한 이유는 권위와 강압, 강제와 명령만으로는 절대 할 수 없는 일, 즉 사람의 진심을 움직이는 일을 '낮은자 리더'는 쉽게 해낼 수 있기 때문이다.

진정한 리더의 길, 낮은 자 리더십을 통해 새로운 인생의 도약을 맞이해보는 건 어떤가.

세상을 이끌어가고 싶다면

공자의 여러 제자 중 스승을 감복시킨 탁월한 리더십의 현인이 한 명 있었다.

복자천이라는 이름의 그 제자는 공자에게 이렇게 말했다.

"저는 제가 고용한 사람의 아버지를 제 아버지로 모시고, 그 아들을 내 아들로 생각합니다. 또한 고아나 과부들을 돌보고 힘없고 가엾은 자를 애통하게 여깁니다."

공자는 그의 말에 이렇게 응답했다.

"옳은 일이다. 그러나 그는 작은 선행일 뿐 낮은 층의 사람들만 자네를 따를 것이다. 그것으로 부족하지 않겠는가?"

"그들 중에 제가 아버지처럼 대하는 이는 3명, 형제처럼 대하는 이가 5명, 친구처럼 대하는 이는 11명입니다."

공자는 "이는 적당한 선행이니 중간층의 사람들이 자네를 따랐을 것이다. 그러나 이 역시 부족하지 않겠는가?"

"이곳에는 저보다 현명한 사람이 한 명 있는데, 저는 그를 스 승으로 모시고 공경하며 그분은 저에게 지혜를 가르쳐 주셨습니 다."

그러자 공자는 "큰 성공의 길이로구나" 하며 감탄했다.

(후웨이홍, 〈노자처럼 이끌고 공자처럼 행하라〉 인용 및 참조)

최근 10년간 한국의 사회는 꽤 커다란 변혁을 겪었다. 변혁의 동인은 크게 두 가지, IT 기술혁명과 구조조정이었다.

그 결과 사회는 새로운 계층 간 분열이 생겨났고, 유례를 찾아 볼 수 없을 정도로 개인은 말 그대로 개인화되었다. 과거에는 10 년 주기로 느끼던 세대차이를 요즘에는 1년 주기, 심지어는 수개 월을 주기로 느끼기에 이르렀다. 같은 나이, 같은 연차라고 해서 비슷한 것도 아니다. 각자의 생각, 주장, 감성, 취미, 가치관에 따 라 너무도 다른 각자의 삶을 향유하고 있는 것이 현재 우리들의 모습이다.

여기에서 우리는 피부에 와 닿는 심각한 문제에 직면하게 된다.

모든 기업, 조직, 단체에서 공통적으로 호소하는 문제. 바로, 조 직 구성원들의 통합과 조정, 그리고 동기부여와 목표 달성의 모든

과정들이 그리 호락호락하지 않아진 것이다.

과거에 횡행했던 군사독재문화를 모방한 집체교육 따위는 이제 거의 폐기처분되었다. 명령과 복종의 단순한 조직명령체계에 익숙했던 윗세대는 이제 무엇을 어떻게 해야 할지 망연자실한 표정들이다. 대안이 없기 때문이다.

그렇다고 현재 한국사회의 중심세력으로 부상한 30~40대 리더들이 뾰족한 대안을 내놓는 것도 아니다. 수많은 기업과 조직들은 지금 한마디로, 혼돈의 시대를 보내고 있다.

서점에 '무슨 무슨 리더십'같은 책들이 많이 팔리고, 대리급쯤 되면 그런 책들 한두 권 정도는 읽고 아는 척을 좀 해야 될 것 같은 분위기가 흐르고 있다.

그러나 나는 그런 기류에 의문점을 제기하고 싶다.

'리더십은 왜 필요한 것인가?'

이에 대한 본질적인 고민이 선행되어야 하지 않을까. 덮어놓고 리더십 기술을 찾아 헤매기보다 말이다.

리더십의 궁극적인 목적은 전체 목표를 달성하는 것이다. 그래야 100점짜리 리더십이 되는 것이다.

리더라고 불리는 단 한 사람이 마치 슈퍼맨처럼 혼자만 뛰어나고 또 혼자만 잘되는 것은 10점, 아니 0점짜리 리더십이다.

또 반대로 리더는 아무런 역할도, 기여도 하지 않으면서, 주변 몇 명에게만 과업을 맡겨 조직이 어렵사리 유지되는 상황. 이것도 낙제 점수다.

가장 바람직한 움직임은 주변사람은 물론, 리더 역시 최대한의 성과를 달성함으로써 전체적으로 가공할 만한 시너지 효과를 거두는 것이다. 그래야 100점에 근접할 수 있다.

그런데 어떻게 해야 주변사람과 리더 모두 최고의 성과를 거둘 수 있을까. 그 방법들은 모두 하나의 큰 패러다임을 반영하고 있다. 바로, '리더가 낮아짐을 통해서 남을 높일 수 있고, 또 그들이 높아짐으로 리더 역시 높아지고 강해진다'는 것.

'낮은 자 리더'로의 패러다임 전환, 체질 전환을 한다면, 모든 조직과 개인들이 겪고 있는 통합과 조정의 문제, 동기부여와 목표 달성의 난제들은 쉽게 해결될 것이다.

그렇다고 '낮은 자 리더십'이 그렇게 거창하고 어려운 것은 아니다. 오히려 작고 사소하다. 그러나 그 영향력만큼은 결코 작지 않다는 것을 강조하고 싶다. '낮은 자 리더십'은 궁극적으로 조직 구성원들로 하여금 조금 더 자유롭고 행복한 가운데 일을 즐기면서, 또 보람 있게 하루하루를 지내게 할 수 있을 것이다.

당신이 경영자든 팀장이든 팀원이든 '낮은 자 리더십'으로부터 예외일 수 없다.

예수의 열두 제자들 사이에서 누구를 가장 높은 사람으로 볼 것인지를 놓고 다툼이 벌어졌다. 결국, 제자들은 자신들의 리더인 예수에게 결론을 내려줄 것을 간청한다. 그러자, 예수는 이렇게 말한다.

"너희 중 가장 큰 사람은 가장 어린 사람과 같이 돼야 하고 다스리는 사람은 섬기는 사람과 같이 돼야 한다."(누가복음 22: 26)

즉, 리더가 될 사람은 어린이의 마음처럼 순수하고 사리사욕에 물들지 않아야 하며, 또 위에 군림하기 좋아하고 남들을 자신의 목적을 위해 수단처럼 사용하는 사람이 아니라, 진심을 담아 섬기는 자세를 갖춘 사람이 되어야 한다고 가르치고 있다.

그는 이어 이렇게 말한다.

"누가 더 높은 사람이냐? 밥상 앞에 앉아 있는 사람이냐, 그를 시중드는 사람이냐? 밥상 앞에 앉아 있는 사람이 더 높지 않느냐? 그러나 나는 섬기는 사람으로 너희 가운데 있다."(누가복음 22:27)

예수는 말로만 그치지 않고 자신의 행동을 통해 몸소 가르치셨다. 제자들은 그동안 보아온 예수의 낮고 겸손한 언행을 보아왔기에 섬기는 사람이 진정한 리더임을 그 자리에서 바로 깨달을 수 있었다.

교만한 마음으로 자신을 드러내기 좋아하는 리더는 결국 자신의 이익을 위해 주변 사람을 이용하게 되어 있다. 수많은 역사적 실례가 그를 증명하고 있다. 결국 달성하고 싶은 것은 '내 이름 드러내기', '나의 업적을 자랑하기'에 지나지 않는다. 이런 리더의 주변에 있는 사람은 결국, 그 '이름 알리기' 작업의 희생양이 되고 만다. 이런 사리사욕으로 가득 찬 리더는 결국 조직을 깨뜨리고 파국을 맞게 된다. 지금도 주변의 많은 기업과 조직에서 얼마든지 볼 수 있는 모습이지 않은가.

조직의 공을 나눠가질 줄 아는 리더, 아랫사람을 치켜세울 줄 아는 리더, 그들을 또 새로운 리더로 키워주는 리더, 그것을 삶의 보람으로 아는 리더, 이런 리더가 결국 세상을 이끌어갈 것이다.

새들이
길들이 갔다

사장님이 마트로 간 까닭

한 유통 대기업의 대형마트에서 벌어진 일이다. 이 회사의 A대표이사는 자신의 신분을 전혀 노출시키지 않은 채, 자기 회사 소유의 서울 모 지점 마트에 방문했다. 방문의 목적은 아주 단순했다.

'고객의 눈높이로, 고객의 입장에서 직접 쇼핑을 해보자'는 것이다. 과연, 이런 생각을 그대로 실천에 옮기는 경영자가 몇 명이나 될까. 그런 점에서 A대표의 실천은 대단한 반향을 일으킬 만한 사건이었다. 그는 자신을 드러내지 않기 위해 양복이나 정장을 피하고, 그저 수수한 평상복 차림으로 2시간 동안 매장의 구석구석을 돌아다녔다. 채소도 골라보고, 과일과 이런저런 반찬거리들도 골랐다. 그리고 돈을 지불하고 쇼핑을 마쳤다.

A대표는 자신의 쇼핑경험담을 이메일을 통해 전 직원에게 들려주었다. 대략적인 내용은 이랬다.

'직접 우리 회사의 매장에 나가 쇼핑을 해보니 많은 점을 느꼈다'면서, 구체적으로 몇 가지 문제점이나 개선사항을 열거하기도 했다. 예를 들면, '상자 단위로 파는 과일의 경우, 대체 그 상자에 과일이 몇 개나 들었는지 알 수가 없었다'든지, '채소를 집어들 때, 집게가 있으면 좀 더 편리하고 물이나 흙이 묻지 않을 것 같다'는 등. A대표는 이런 식으로 몇몇 매장을 지속적으로 다녔고, 또 개선 사항을 직원들에게 직접 알렸다.

이 이야기는 해당 회사의 한 직원으로부터 직접 들은 이야기이다. 그 직원은 이렇게 말했다.

"그렇게 할 수 있다는 건 대단한 용기라고 생각합니다. 직원 입장에서 볼 때, 귀감이 되기도 하고, 우리도 일선에서 좀 더 고객 중심으로 생각해야겠다고 깨닫게 되었습니다."

대표이사 정도면, 임원진을 대동하고 매장을 순찰하듯이 휙 하고 둘러보는 게 일반적인 모습이다. 잠깐의 순회 후 몇 가지 틀에 박힌 훈시를 늘어놓는 정도다. 물론, 이래서는 조직의 발전도 개인의 발전도 없다.

유통업에 대해 관심 있는 독자라면 다 알겠지만, 대형마트 업계의 제왕은 월마트의 창업자 샘 월튼이다. 그는 그야말로 현장 경영의 대가다. 그는 자신을 찾아온 기자에게 이렇게 말한 바 있다.

"내 업무시간 중 70%는 마트 현장에서 보낸다. 현장에서 직접 보고 듣고 느끼고, 또 현장 직원들과 이야기를 나누는 것이 사장 자리에 앉아 보고나 받는 것보다 훨씬 중요하고 가치 있는 일이기 때문이다."

실제로 그는 전세계 월마트 매장을 전용기를 타고 쉴틈없이 날아다녔다. 사장임을 밝히기도 했지만, 때로는 그냥 고객처럼 방문해 직원들에게 이것저것 묻기도 했다. 그러면서 살아있는 경영 전략이나 정책을 수립해나간 것이다. 그 결과는 누구나 다 알 듯이 세계 최고, 최대의 유통업체로 우뚝 서게 된 것이다. 동시에 샘 월튼은 수많은 경영자들과 예비 경영자들로부터 가장 존경하는 경영자로 추앙받게 되었다.

샘 월튼이 보여준 이러한 현장 경영을 전문용어로 'MBWA(Management By Walking Around)라고 한다.

또 한 명의 MBWA의 달인을 소개하자면 사우스웨스트 항공의 허브 켈러허 회장이다. 그는 한 술 더 떠서 모두 잠든 새벽 3시에 야간 업무를 하는 청소 담당 직원들을 불쑥 찾아간다. 양 손에는 맛있는 간식거리를 잔뜩 들고. 그렇게 격의 없이 아랫사람들과 지내는 그는 전 직원의 이름을 외우는 것으로도 또한 유명하다. 한 말단 직원의 증언에 의하면, 1년 만에 만난 자리에서 켈러허 회장

이 정확하게 자신의 이름을 불러주었다며 놀라워했다. 1년 전에 단 한 번 그것도 스치듯 만났을 뿐인데, 이게 어찌 가능하냐며.

가장 높은 자리에 있지만, 그 자리를 누리기보다는 과감히 박차고 나와 최일선을 걷고 또 걸어야 한다. 물론, 이렇게 실천하는 경영자는 극소수다. 왜냐하면, 일선에 나서는 일 자체가 권위나 지위, 또는 품격에 손상을 줄 거라 생각하기 때문이다. 그런 구차한 일 따위는 아랫사람들이 해야 할 일이라고 여긴다. 한마디로, 낮아지기 싫은 이유다.

우리는 늘 높은 곳을 동경했다. 학창시절 급우들과의 경쟁에서 우위에 서고 싶었고, 이왕 하는 공부도 상위권에 드는 게 목표였다. 그래야 자신도 기뻤고, 부모님도 기뻤다. 무엇보다 그래야 학교에 다니는 의미가 있었다.

직장생활을 시작하면서, 남들보다 위에 서야 한다는 욕심은 더욱 커졌다. 최소한 입사 동기들보다 승진이 뒤처지는 괴로운 상황만은 피하고 싶었다. 앞을 내다보기보다는 그저 옆 사람과의 경쟁에 하루하루를 보내야 했다. 그런데 문득 돌아보면 '삶이란 이게 아닌데' 하는 생각이 든다.

왜? 경쟁에만 몰입하는 동안, 반대급부로 잃어버린 무언가를 깨닫게 되기 때문이다.

세월이 흘러 사원이 대리가 되는 것, 또 대리가 과장이 되는 것, 과장이 부장이 되고, 부장이 임원이 되는 것, 그리고, 임원이 최고 경영자가 되는 것. 각각의 과정 마다에는 반드시 겪어야 할 통과의례가 있다. 리더십에 대한 고민과 실제 리더십의 실천, 그리고 이어지는 평가가 그것이다.

리더십의 본질적인 의미를 잘 들여다보면, '조직을 이끈다'는 것은 옳은 표현이지만, '조직원을 이끈다'는 것은 잘못된 개념이다. 조직원을 물리적으로, 또는 정신적으로 지배함으로써 이끈다는 것은 근본적으로 문제가 있다.

높은 자 리더들은 이런 특징을 갖고 있다.

— 나는 모든 면에서 뛰어난 사람이다. 그러므로 다른 이들을 지배하고, 마음대로 지시할 수 있는 사람이다.

— 이 조직에서 나는 지배자이다. 이들을 훈계하고, 깨우쳐야 할 사람은 바로 나다.

— 나는 이 조직의 많은 지분을 갖고 있는 셈이다. 그 누구도 나

를 대신할 수 없다. 그동안 나의 노력으로 이 조직은 만들어
졌다.

― 조직원이 반발하는 것은 원천적으로 그들의 잘못이다. 그 잘
못을 고쳐서 조직에 맞는 유형으로 바꿔야 한다.

요즘 직장 내에서 요구하는 리더십은 단순히 강압적이고, 혼자
진두지휘하는 그런 경직된 윗사람의 모습과 점점 거리가 멀어지
고 있다.

뭔가 달라야만 하고, 달라지기를 원한다. 기업도, 회사원도 모두
어떻게 달라져야 할까.

― 낮아져야 한다.

― 낮아지면 더 많은 것을 느낄 수 있다.

― 낮아지면 더 많은 사람을 만날 수 있다.

― 낮아지면 그들과 공감을 할 수 있다.

― 낮아지면 그들로부터 우호적 감정을 갖게 된다.

― 낮아지면 원하는 모든 것을 이루게 된다.

― 낮아지면 결국 높아진다.

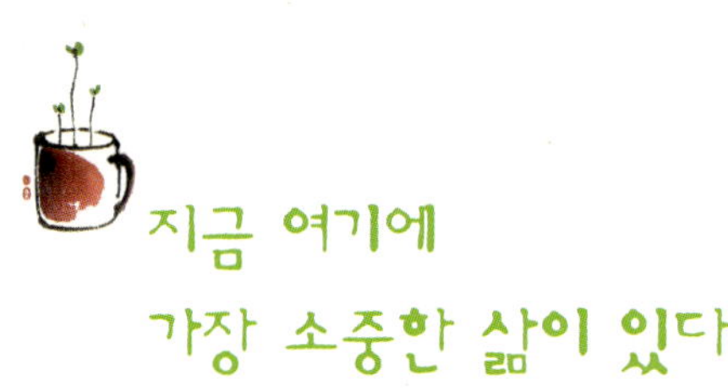

지금 여기에
가장 소중한 삶이 있다

바벨론에 느브갓네살이란 왕이 있었다. 그는 어떤 왕보다도 리더십이 탁월했으며, 백성들로부터 열렬한 지지를 얻는 왕이었다. 그에게는 부족할 것도 아쉬울 것도 없었다. 그는 이렇게 혼잣말을 내뱉었다.

'내가 세운 이 성 바벨론은 위대하지 않은가? 나는 내 큰 힘과 권력으로 내 위엄의 영광을 위해 이 도시를 건설했다.'

이 모든 것을 '나의 힘과 권력'으로 만들었다는 교만한 말이었다. 그 때였다. 그의 말이 입술에서 떨어지기도 전에 하늘에서 이런 소리가 울려퍼져 왔다.

'느브갓네살 왕아, 네게 선언한다. 이 나라의 왕의 자리는 네게서 떠났다. 너는 사람들에게 쫓겨나서 들짐승과 함께 살며 소처럼 풀을 먹을 것이다.'

교만함에 대한 하나님의 심판이 내린 것이다. 그 심판은 곧바로 현실이 되었다. 느브갓네살 왕은 사람들에게 쫓겨나 소처럼 풀을 먹는 신세가 되고 말았다.

느브갓네살 왕은 그렇게 고난의 세월을 보낸 후 자신의 교만함을 깨닫게 되었고, 그로 인해 잃었던 모든 것을 회복하게 된다. 그의 고백이다.

"정해진 기간이 지나 나 느브갓네살은 하늘을 우러러 눈을 들었다. 그때 나는 제정신이 돌아와 높고 높으신 분께 감사하고 영원히 살아계시는 그분을 찬양하고 영광을 드렸다. 그분의 다스리심은 영원할 것이며 그분의 나라는 영원히 계속될 것이다. 그분은 세상에 사는 모든 사람들을 아무것도 아닌 것처럼 여기시고 하늘의 군대와 세상에 사는 사람들에게 그분의 뜻대로 행하신다. 어느 누구도 그분의 손을 막을 수 없고, '무슨 일을 이렇게 하느냐?'고 말할 수 없다. 내가 제정신이 든 바로 그 순간 내 나라의 명예와 위엄과 권력이 내게 회복됐다. 내 보좌관들과 관리들이 나를 찾아왔고 내가 내 나라를 회복하게 됐으며 더 큰 권력이 내게 더해졌다. 이제 나 느브갓네살은 하늘의 왕을 찬양하고 영광을 돌려드리며 존경한다. 그분이 하시는 일은 모두 진실하고 그분이 행하시는 길

은 의롭다. 그분은 언제든지 자기를 스스로 높여서 행하는 사람들
을 낮추실 것이다." (다니엘 4:34~37)

그는 진심으로 자신의 과오을 뉘우치고 새사람으로 거듭났다.
자신이야말로 이 세상의 모든 능력과 권세를 가진 자이며, 자신의
말을 그 누구도 거역할 수 없다는 생각을 버린 것이다. 그동안 자
신이 얼마나 역겨우리만치 교만한 인간이었던가를 깨닫게 된 것
이다. 그리고 동시에 자신의 모든 생사화복을 주관하시는 유일한
주권자는 하나님이심을 고백한 것이다. 특히, 자신의 경험에 비추
어 '그분은 언제든지 자기를 스스로 높여서 행하는 사람 (즉, 과거
의 자신과 같이 교만한 자)들을 낮추실 것이다'라는 말을 후세에 남
겼다.

한 제자가 어느 날 나에게 묻는다.
"교수님, 교수님 생각하시기에 존경받는 교수님인 것만으로는
뭔가 부족한가요?"
갑작스런 질문에 살짝 당황한 나는 내 생각을 이렇게 정리해 말

해주었다.

"음, 존경받는 교수라…. 나한테는 삶의 목표이기도 한데. 나라면 영광스럽게 받아들일 것 같은데. 부족할 것 같지는 않아."

제자는 다시 이렇게 묻는다.

"근데 왜 많은 교수들이 정치권으로 가려고 할까요? 심지어는 대통령이 되려고도 하고요."

하긴, 요즘 들어 정계진출을 꿈꾸는 교수들이 부쩍 많아진 것은 사실이다. 학생 입장에서 궁금해 할 만도 했다.

"내 생각에는 말야. 교수라서 그런다기보다는 근본적으로 인간이기 때문에 갖는 상향 욕구가 아닐까 싶어. 존경받는 교수도 좋지. 그런데, 그것 말고 더 큰 것을 얻고 싶다면 어떻게 해야 할까. 예를 들면, 큰 권력을 쥐고 싶다. 더 높은 명예를 얻고 싶다. 뭐 이런 거지."

내 말에 공감했던지 학생은 고개를 끄덕인다.

"교수님 말씀이 맞는 것 같아요. 권력이 있는 사람은 돈을 탐하고, 돈이 있는 사람은 권력을 탐하죠. 그래서 재계랑 정계랑 서로 사돈을 맺는 거 아닌가요."

나는 웃으며 공감을 표했고, 학생은 익살스런 표정을 지으며 이렇게 물었다.

"교수님, 교수님은 학교에 계속 계실 거죠?"

"하하하, 난 여기가 너무 좋아. 사업도 할 만큼 해봤고, 정치는 내 적성에 잘 안 맞고. 하나님이 나한테 딱 맞는 자리로 들여 놓으신 것 같아."

"제가 봐도 교수님은 교수님이 딱 어울리시는 것 같아요."

대화를 마친 후 나는 마침 오늘 마주한 성경의 한 장면을 떠올렸다. 여럿이 초대받은 한 자리에서 모두들 윗자리를 고르는 광경을 보고 있던 예수가 이렇게 말했다.

"결혼 잔치에 초대받았으면 윗자리에 앉지 마라. 혹시 너보다 더 높은 사람이 초대받았을지 모른다. 만약 그렇다면 너와 그 사람을 모두 초대한 그 주인이 다가와 '이 분에게 자리를 내 드리십시오'라고 할 것이다. 그러면 너는 부끄러워하면서 끝자리로 내려가 앉게 될 것이다. 그러므로 초대받으면 끝자리에 가서 앉아라. 그러면 주인이 와서 '친구여, 이리 올라와 더 나은 자리에 앉으시오' 할 것이다. 그렇게 되면 다른 모든 손님들 앞에서 네가 높아질 것이다."

이어, 우리에게 깊은 울림을 주는 한마디를 덧붙였다.

"자기를 높이는 사람은 낮아지고 자기를 낮추는 사람은 높아질 것이다."(누가복음 14: 7~10)

자신의 능력을 발휘하면서 세상을 이롭게 한다면야 누가 말리겠는가. 그러나 자신의 능력 이상으로 자기 욕심만으로 더 높은 곳을 원한다면 그것은 본인에게도 주변의 수많은 사람에게도 해가 될 일이다.

겸손함은 인간관계에서도 중요한 덕목이지만, 더 본질적인 의미에서 겸손함이란 하나님의 주권을 믿음으로 고백하고, 그 믿음대로 삶을 살아가는 것이다.

그러나 우리의 삶이란 어떤가. 작은 성공과 성취에도 자신을 더 드러내려 하고, 더 인정받으려 하고, 더 높임 받으려 하지 않는가. 물론, 나도 예외는 아니다. 느브갓네살 왕이 우리에게 던져준 뜨거운 교훈을 가슴에 다시 한 번 새겨본다.

'그분은 언제든지 자기를 스스로 높여서 행하는 사람들을 낮추실 것이다.'

가면놀이에서 벗어나자

틈만 나면 자신의 인맥을 과시하는 K교수가 있었다.

"아, 언론사쪽이요? 방송국이나 신문사 인맥 필요하면 나한테 얘기해요. 내 대학 후배들 쫙 깔려 있으니까. KBS, MBC, 조선일보, 중앙일보…."

K교수의 인맥은 말 그대로 화려했다. 정부 고위급 관료부터 시작해서 정계, 재계, 언론계, 문화계, 교육계 등 그의 인맥이 안 뻗쳐 있는 곳이 없었다. 더구나 놀라운 것은 그 인맥 속 한 사람 한 사람에 대한 정보가 매우 세부적이라는 점이다.

"아, 그 사람 부산 출신이고 행시 패스해서 관료로 커온 사람이죠. S대 나왔고, 학번이 아마 77쯤 될 겁니다."

이런 식으로 자기 입으로 거론하는 인물에 대해서는 최소한 두세 마디 정도의 해설(?)을 곁들였다. 주변 사람 대다수는 K교수의

인맥이 정말 대단하다고 인정해주는 분위기였다. 물론, 나도 그랬었다. 그런데 어느 날 나는 우연한 기회에 그 인맥의 실상을 알게 되었다.

오랜만에 만난 옛 직장 동료와의 대화 도중, 그는 '내 선배 아무개가 자네를 잘 안다는데 그를 잘 아느냐?'고 물었다. 그가 말하는 아무개 선배는 바로 자신의 인맥을 자랑하는 바로 그 K교수였다. 그 옛 동료는 내 말을 듣기도 전에 이렇게 묻는 게 아닌가.

"그 교수 입만 열면 자기 인맥 자랑 하지 않나?"

나는 깜짝 놀라 그간의 얘기를 들려주었다. 돌아오는 대답은 충격적이었다.

"그거 믿지 마. 그 중에 반 이상은 거짓말이야."

나는 설마 하는 생각에 어떻게 그렇게 확신하느냐고 물었다. 그는 자신의 실제 경험을 들려주었다.

"내가 처음 사업할 때, 여러 사람의 도움이 필요했거든. 그래서 선배들을 만나던 중 K교수도 만났어. 그랬더니, 그때도 마찬가지로 인맥을 자랑하더라고. 그래서 나는 그가 잘 안다며 소개해준 사람들을 만나러 다녔지."

그는 한숨을 내쉬고는, 말을 이었다.

"근데, 그 사람들 표정이 어땠는 줄 알아? 하나같이 다 황당한 표정이더라고. 본인들은 잘 알지도 못하는 사람이었던 거지. 그저 스쳐 지나면서 한번 본 정도였던 거야. 그러니, 소개를 받고 찾아간 내 꼴이 어떻게 되겠어. 더 황당한 경우를 말해줄까? 그때도 K 교수 이름을 대고 찾아갔더니, 내 앞에서 다짜고짜 K교수 욕을 하는 거야. 다시는 그런 사람하고 상종하지 않겠다며, 나보고도 '아무리 당신 선배라 하지만, 그 사람 조심하는 게 좋을 거'라고 경고해 주더라고."

옛 동료는 고개를 저으며, 힘 빠진 목소리로 겨우 겨우 말했다.

"그때 그 경고를 들었어야 했는데, 그걸 애써 무시하고 K교수랑 일로 엮였다가 결국 뒤통수를 맞았어."

그는 학교 동문회 일로 K교수가 책임자로 진행하는 프로젝트에 봉사의 마음으로 참여했었다고 한다. 그런데 K교수가 금전적인 문제를 일으켜놓고 그 책임을 후배들에게 미루는 바람에 후배 중 한명인 자기도 정신적으로나 금전적으로 피해를 입게 되었다고 한다.

우리는 남들에게 자신을 과시하기 위해 남이 갖지 못한 인맥을 내세우며 우쭐하곤 한다. 앞에 예를 든 K교수처럼. 그렇게 함으로써 실질적 효과를 볼 수도 있을 것이다.

우선, 상대방에게 자신의 사회적 지위를 높게 인식시킬 수 있다. '아, 인맥이 저 정도면 저 사람도 그 정도 급이 된다는 거네'와

같은 반응이다. 심리학 용어로 후광효과(Halo Effect)라고 한다. 주변의 사람이나 사물로 인해 자신이 지닌 본질적인 능력이나 인상보다 더 높게 평가되는 현상을 말한다. 또한, 최소한 남들로 하여금 무시할 수 없는 존재로 포장할 수도 있다.

허나 그렇다고 해서, 잘 알지도 못하는 사람들을 마치 아주 친한 선후배나 친구인양 거짓으로 꾸미는 것이 과연 올바른 일일까. 아니, 그보다 근본적인 문제로, 자신을 드러내기 위해서 그렇게나 주변 사람들을 전면에 내세울 필요가 있는 것일까. 아마 그들에게는 특별한 이유가 있는 듯하다.

자신의 내부에는 딱히 내세울 게 없기 때문이다. 그러다보니 자연히 내 밖에 있는 것, 내가 아닌 내가 소유하고 있는 것, 또는 소유하면 좋을 것들에 집착하고, 그것들을 이용하게 되는 것이다. 만일, 그렇게 한두 번 써먹은 후광효과가 만족스럽게 나타나게 되면 그것에 점점 탐닉하게 된다. 그리고 어느 단계를 지나면 '가면 놀이에서 벗어나자'고 자각을 해도 이미 때는 늦어버린다. 스스로에게 당당해진다면 그런 가면은 더 이상 필요 없어질 것이다. 자신의 내면을 꽉 채운다면, 외부의 힘을 빌려 과대포장을 할 필요도 사라질 것이다.

오늘이 인생의
마지막 날인 것처럼

어느 날 한 학생이 술자리에서 술 힘을 빌려 이렇게 말했다.

"교수님, 요즘 휴학을 할까 자퇴를 할까 고민 중이에요."

놀란 내가 이유를 묻자 이렇게 대답했다.

"제가 특별히 뭘 잘못했는지 모르겠는데, 많은 아이들이 제 뒤에서 저에 대한 이런저런 험담을 해대요. 저도 질 수 없어 주동자다 싶은 아이들 몇 명에 대해 의도적으로 험담을 하게 되었고요. 이제는 상황이 악화될 대로 악화되서 이곳에 더 있기가 힘들어졌어요."

나는 학생의 긴장을 풀어주기 위해 차 한잔을 권하며 이런 이야기를 들려주었다.

"옛 고사성어 중에 와각지쟁(蝸角之爭)이란 말이 있어. 혹시 들어봤니?"

학생은 눈을 동그랗게 뜨며 고개를 가로저었다.

"와각이란 달팽이의 뿔이라는 뜻이야. 실제로는 그게 눈이지만, 옛사람들은 그게 뿔이라고 생각했던 모양이야. 아무튼, 달팽이의 그 뿔 사이 공간이 얼마나 된다고 생각하니?"

"그게 뭐 공간이랄 게 있나요. 손톱만큼도 안 되는데요."

"그렇지. 그렇게 작은 공간에서 서로 많은 땅을 차지하겠다고 다투는 모습을 일컬어 '와각지쟁'이라고 부른단다. 남이 나를 헐뜯는다고, 나도 똑같이 헐뜯기 시작하면 무슨 꼴이 되겠니. 내가 볼 때는 그게 바로 '와각지쟁'의 형국이야. 만일 내가 네 입장이었다면 물론 화가 났겠지. 하지만 상대방이 그랬다고 똑같이 험담을 하지는 않을 거야. 나라면 그 좁은 곳에서의 싸움에 관심도 욕심도 없을 테니까 말이야. 나는 그런 일 말고도 할 일이 되게 많은 사람이야. 내 비전 달성을 위해서 오늘도 열심히 달려야 하는데 그런 하찮은 자존심 싸움에 왜 시간 낭비, 에너지 낭비를 해야 하니. 너도 마찬가지 상황이야. 지금 네가 매진해야 할 일이 얼마나 많니. 네 꿈은 스포츠마케터잖아? 그렇다면 지금 너는 마케팅 공부도 열심히 해야 하고, 또 스포츠마케팅 현장에 뛰어들어 실전 경험도 쌓아야 한단 말이지. 대학생활은 정말 짧아. 그러니 하찮은 와각지쟁은 이제 그만두는 게 좋아. 알겠지?"

학생은 옅은 웃음을 지으며, "네, 교수님" 하고 큰 숨을 내쉬었다. 눈빛을 보니 뭔가 기대 이상의 대답을 들었다는 듯한 만족감이 느껴졌다.

어느 사회에서든, 구성원에 대한 안 좋은 감정은 있게 마련이다. 시기심, 질투, 열등감 등. 그것이 안에 있다가 자연소멸되면 아무 일도 없지만, 그것을 겉으로 꺼내어 표현했을 때 상대방은 깊은 마음의 상처를 얻게 된다. 상대적 박탈감, 좌절감, 상실감 등이 그것이다. 나 역시 누군가에게 이런 상처를 주고 싶은 충동을 느낄 때가 있다. 누구나 그럴 것이다. 그러나 이런 감정을 표출하는 삶을 사느냐, 아니면 억제하는 삶을 사느냐에 따라 그 사람의 인생의 가치가 하늘과 땅만큼 벌어진다.

있는 그대로를 표출하며 사는 사람은 그 발설을 통해 자신의 갈등요인이 해소되길 바라겠지만 천만에, 오히려 말을 뱉는 순간 그의 내면적 갈등이나 고통은 더욱 커지고 또 고착화된다. 정상적인 사고, 올바른 판단을 기대할 수 없는 상태가 되고 만다. 그 상태에선 사실을 더 왜곡하고 과장하며 자신에게만 이로운 방향으로 얘기를 꾸며가게 되는 것이다.

이런 위험을 미연에 방지하기 위해서 감정을 조절할 수 있는 자제력과 신중함이 필요하다. 이런 성품을 지닌 사람들은 비록, 욱

하는 감정이 치오른다 하더라도 말이나 행동으로 표출되는 것을 차단하거나 최소화한다. '그 사람 기대보다는 조금 아쉬운 점이 있기는 해.' 이런 정도로 발언의 수위를 조절한다. 이처럼 표현을 절제하는 순간 자신도 모르게 끓어오르던 감정도 절제된 말을 따라 서서히 가라앉게 된다. 시간이 조금 더 지나면, 아무런 일도 없었다는 듯 평온한 상태로 금세 돌아간다.

얼마 전 읽은 글이다. 이 글을 통해서 나는 하찮은 와각지쟁을 거부하는 대신에 어떤 싸움에 임해야 할 것인지에 대해 깊은 성찰의 기회를 가질 수 있었다.

크리스천들은 이 땅의 불의를 보고 싸워야 한다. 가난한 자에게 아름다운 소식을 전하기 위해 싸워야 한다. 포로된 자에게 자유를, 갇힌 자에게 해방을 전하기 위해 싸워야 한다. 잃어버린 영혼에게 복음을 전하는 위대한 사역에 서로 동참하겠다고 싸워야 한다. 이제부터라도 위대한 싸움을 하자.

(이태형, 〈아직 끝나지 않았다〉 중에서)

나에게 남은 날이 결코 영원하지 않다. 나의 끝 날이 언제일지

나로서는 도저히 알 수 없다. 50년 후일 수도, 5년 후일 수도 있다. 혹은 5일 후일지도 모르겠다. 만일 내게 남은 날이 단 하루라면 나는 어떤 삶을 택하겠는가. 작은 자리다툼에 남을 헐뜯으며 소중한 그 마지막 하루를 보내겠는가. 아니면, 정말 가치 있고 위대한 싸움에 나를 던지겠는가. 답은 자명하다.

그렇게 소중한 하루 하루가 모여 결국 인생이 되는 것 아닌가. 그렇다면, 남은 나의 모든 인생은 어떤 싸움으로 채워져야 하는지 답이 나왔다.

위대한 싸움으로 나의 남은 삶을 채워야겠다. 더 넓은 가슴으로, 더 높은 생각으로, 더 깊은 사랑으로, 더 낮은 마음으로 오늘 하루를 살아야겠다.

나는 로얄 패밀리다

요즘 딸아이가 입버릇처럼 하는 이 말이 나는 너무나도 듣기 좋다. 감미롭고, 아름답고, 가슴을 부풀어 오르게 한다.

"아, 나는 정말 행복해."

"오늘도 나는 정말 행복해."

"나 이렇게 행복해도 되나?"

내가 표정연구가는 아니지만, 딸아이의 표정을 보면, 이 말들이 100% 진심임을 단번에 알 수 있다. 눈은 초롱초롱 빛나고, 짙은 눈썹은 더 풍성하고 부드러워 보인다. 두 뺨은 기쁨에 못 이겨 발갛게 달아오르고, 입은 연신 헤벌쭉이다. 온 몸으로는 정체를 알 수 없는, 그러나 보기에는 더없이 좋은 멋진 춤을 추어댄다. 빙글 빙글 대여섯 바퀴를 돌다가는 두 팔을 뻗어 만세를 부르고, 목을 있는 힘껏 빼면서 허리를 곧추세운다. (마치 하늘에라도 닿을 듯)

그럴 때는 어김없이 발뒤꿈치를 잔뜩 들고 발끝으로 서려고 발을 종종거린다. 흥얼흥얼 노래가 흘러나오기 시작하고, 이제는 아예 무슨 뮤지컬 주인공이 된 듯 무대 (무대라고 해봐야 거실의 텔레비전 앞이 전부다.) 를 이리저리 누비고 다닌다.

나는 이 장면을 단 한순간도 놓치지 않겠다는 의지로 열심히 바라다본다. 보고 있던 TV도 끄고 들고 있던 신문도 소파 한 옆에 접어놓는다.

딸아이의 이런 '행복 세레모니' (지금 막 지어낸 말인데, 어울리는 것 같다.)는 10여분 동안이나 계속된다. 이런 아이를 바라보는 부모의 심정은 어떨까. 첫 줄에 썼지만, 그 표현만으로는 조금 부족하다.

'더 많은 걸 바라면, 그건 틀림없이 지나친 욕심일 거야. 딱 이대로만 계속 행복할 수 있다면 좋겠다'는 생각도 들고, 또 이런 생각도 든다. '정말 이 광경은 하나님이 베풀어주신 은혜, 그 자체'라는 것이다. (이 생각은 사실 아내의 생각이 보태진 것이다.)

하나님의 은혜가 아니고서야, 어찌 저 어린 아이의 입에서 '행복해, 너무 행복해'라는 말이 연신 나올 수 있겠는가. 부모를 잘 만나서? 이런 착각은 첨부터 아예 없었다. 아이가 똘똘해서? 아무리

똘똘해도 행복과는 상관이 없다는 걸 나는 너무나 잘 안다. 이 궁리 저 궁리를 해봐도 답이 안 나온다. 더군다나 나는 분석을 밥먹 듯이 해온 기획자가 아니던가. 그렇지만 모든 분석 수단을 동원해 세밀히 쪼개보고 또 쪼개보아도 답이 없다. 이것 밖에는.

'하나님의 은혜'

어느 목사님의 설교 말씀 중에 이런 말이 아직도 내 귀를 울리 고 있다.

'우리는 로얄 패밀리입니다.'

그렇다. 나는 이미 태어날 때부터 로얄 패밀리였던 것이다. 모 든 만왕의 왕, 모든 만물을 창조하신 하나님의 아들로 태어난 나, 틀림없는 로얄패밀리 아닌가.

딸아이 역시 태어날 때부터 로얄 패밀리다. 하나님의 자녀로 태 어났으니까.

나는 오늘 이 글을 쓰면서 이렇게 선언한다.

'나는 로얄 패밀리이다. 그러니 로얄 패밀리답게 말하고, 로얄 패밀리답게 행동할 것이다. 그 누구도 로얄 패밀리인 나를 건드리 거나 괴롭히지 못할 것이다. 하나님이 나를 두 팔로 감싸 안고 보

호해주시는데 감히 누가 나를 공격하겠는가.'

'우리는 로얄 패밀리입니다'에 이어진 목사님의 한마디 역시 내 가슴에 남아 있다.

'그러므로 나누는 삶을 살아야 합니다.'

로얄 패밀리로서 혜택을 누리고 있다면, 로얄 패밀리로서 남들과 다른 특별한 우대를 받고 있다고 생각된다면, 만족함에 그냥 머물러 있지 말고, 주변 사람에게 자신의 것을 나누어 주어야 한다는 것이다. 솔직히, 부담스러운 말이다. 머리로는 이해가 되어도 마음으로 그리고 손과 발로, 행동으로 옮기기는 너무도 어렵다. 재게 된다. 손익을 따지게 된다. 상처받을 일을 먼저 생각한다. 실제로 여유가 없다. 돈도, 시간도, 마음도.

그러나 해야 한다. 많은 것을 갖고 있는 사람들에게 우리는 바라지 않는가. 노블리스 오블리제. 가진 자로서 혜택 받은 자로서 사회에 환원하는 활동을 해줄 것을 요구하지 않는가. 그것이 돈이든, 은혜든 원리는 똑같다.

크고 거창하면 더 좋겠지만, 꼭 그것만이 나눔은 아니다. 작고 사소한 것도 충분히 나눔의 대상이 될 수 있다. 작은 물건, 작은 마음 씀씀이, 작은 친절, 작은 도움, 작은 관심, 작은 사랑으로도 얼마든지 나눌 수 있다.

오늘은 누구와 어떤 것을 나눌까. 즐거운 고민을 하며, 집을 나선다. 컴퓨터를 끄고 걸어봐야 알겠지만, 왠지 오늘은 어제보다 훨씬 더 가벼운 발걸음이 될 것 같다. 아니, 틀림없이 그럴 것이다.

# 삶으로 가르치는 것만 남는다

나는 가르치는 일을 한다. 교수라는 직업을 가지고 있으니까 당연한 일이다. 그런데 사실 따지고 보면, 나는 교수일을 시작하기 훨씬 전부터 가르치는 일을 해왔다. 그러니까 월급쟁이 시절, 신입사원을 갓 벗어난 이후부터 나는 후배들을 가르쳤다. 물론, 그당시 '나는 가르치는 일을 하는 사람'이라는 인식은 없었지만, 지금 돌이켜보면 틀림없이 나의 일은 가르치는 일을 포함하고 있었다. 후배가 들어오면, 서류 정리나 자료 수집 등 매우 작은 일상 업무부터 기획서 쓰는 법, 프로젝트 운영 방법 등 매우 난이도 있는 일까지 찬찬히 가르쳤다.

후배가 하나둘 늘어나면서 나는 본격적으로 또 주도적으로 가르치는 일을 시작했다. (이때 즈음에는 가르친다는 의식을 갖기 시작했다.) 스터디 그룹을 만들어 내가 직접 강의를 했다. 어언 20년이

나 더 흘러간 일이지만, 그때 강의했던 내용을 아직도 기억하고 있는 걸 보면 그때의 배움과 가르침에 대한 열정은 대단했던 것 같다.

추억을 되새기다 보니 꽤 많은 일들이 떠오른다. 사업을 시작하고 나서는 아마 나의 업무 중 가르치는 일의 비중이 50%를 넘어선 듯하다. 직원들의 성장과 발전이 곧 회사의 발전이라는 믿음이 있었기에 가능했다. 나는 두 가지의 방식으로 가르쳤다. 첫째는 일 속에서 1:1로 가르치기. 한 직원에게 프로젝트를 맡긴 후, 클라이언트와 미팅하는 법부터 기획서 쓰기, 프레젠테이션 등 프로젝트의 전 과정을 과외공부 시키듯 했다. 두 번째 방법은 그룹 스터디였다. 모든 일과가 끝난 시간을 활용하여, 기본적으로 필요한 기획, 마케팅 지식에 대한 강의를 했다.

이 당시의 강의안을 토대로 지은 책(〈하우석의 100억짜리 기획노트〉, 〈기획 천재가 된 홍 대리〉)들은 감사하게도 베스트셀러가 되었고, 이 책들 덕분에 나는 수많은 기업 및 기관에서 특강을 하게 되었다. 전혀 예상치도 못했던 '특강 강사'라는 제2의 직업을 갖게 되었고, 직장인들을 대상으로 한 새로운 가르침의 세계에 발을 딛게 되었다. 처음에는 낯선 직장인들 앞에 서서 강의를 하는 게 어색하고 어려운 일이었지만, 시간이 지나자 그 시간이 너무나 기다

려지고 행복했던 기억이 난다. 물론, 지금도 특강의 기회가 주어지면 반가운 사람을 만나러 가는 것처럼 마음이 설렌다.

이런 경험들은 결국 나의 인생을 '전적으로 가르치는 일'로 이끌었다. 어느 날 예전 직장의 상사로부터 전화가 왔다.

"대학에서 강의할 생각 없어?"

한마디의 제안이었다.

쉽지 않은 결정이었다. 그 제안을 수락한다는 것은 내가 지금까지 해온 실무(광고, 프로모션, 마케팅)를 놓아야 한다는 것을 의미했다. 그동안 쌓아온 경험과 노하우를 일순간 놓아버린다는 것이 쉽지 않았다. 또, 부대끼고 살아온 그 삶의 현장을 벗어나야 한다는 부담도 있었다. 14년 동안 내가 뛰어다녔던 정든 그라운드를 떠난다는 게 결코 쉽지 않았다.

그러나 난 새로운 도전에 나를 던지기로 최종 결정했다.

'나의 경험과 노하우를 여태까지 현장에서 써먹어왔지만, 그것들을 대학생들에게 미리 전수해준다면, 그들이 그만큼 사회에 기여할 수 있는 인물이 되지 않을까' 하는 나름의 타당한 이유와 근거를 만들었다. 이렇게 나의 새로운 인생이 시작되었다. 낯선 곳, 낯선 환경, 낯선 문화였지만, 그로 인해 나도 많은 내적 성장의 기회를 가질 수 있었다.

지금은 하루 종일 '가르치는 일'에 매진하고 있다. 벌써 학교에 온 지 10년이 훌쩍 넘었다. 그런데, 요즘 들어 부쩍 이런 의문이 든다.

'어떻게 가르치는 것이 옳은가.'

어쩌면 지난 여러 해는 정신없이 뛰어온지도 모르겠다. 당장 급한 것들에 시야가 좁아진 시간들이었다. 이제야 멀리 보게 되는 여유와 시야를 확보했다고나 할까.

마침내 오늘 나는 그 명확한 답을 찾아내었다. 아침 큐티 시간에 이런 문장과 맞딱뜨린 것이다.

남들이 하기 싫어하는 일들에 묵묵히 봉사하고, 남들이 참지 못하는 일들에 인내하며, 그 모든 이유가 '하나님을 사랑하기 때문'임을 몸으로, 삶으로 알려주는 것이 신앙 전수의 비결이다.

(월간 〈생명의 삶〉 중에서)

나는 이 글 속에서 '결국, 삶으로 가르치는 것만이 남는다'는 교훈을 얻을 수 있었다. 내가 아무리 많은 지식과 경험을 자랑한다고 해도, 제자들의 마음속에 '믿고 따르고 의지하고 싶은 마음'이 없다면, 그 가르침은 무용지물이 되고 만다. 모든 수업은 의미없는 시간낭비가 되어버릴 것이다. 3시간 강의에 참여한 학생이 50명이니, 도합 150시간이 일순간에 허공으로 날라가는 것이다. 내가 학교에 온 보람이 없어지고, 나의 존재가치가 없어지는 것이다. 정신이 바짝 든다. 나는 이곳에 돈을 보고 온 것도, 명예를 보고 온 것도 아니지 않은가. 오직, 가르쳐보겠다는 일념하에 왔는데, 그 하나조차 달성하지 못한다면, 내가 이 곳에 있어야 할 당위성이 없어지는 것이다.

내가 읽은 글에는 이런 역사 속의 에피소드도 소개되어 있었다. 독일 유태인 상인인 아버지와 그 아들의 이야기다. 유태인을 상대로 장사를 하던 아버지는 어느날 루터교인들이 많은 도시로 이주하면서 '물건을 더 많이 팔려는 욕심에' 루터교회에 나가기 시작했다. 종교에 많은 관심을 갖고 있던 아들은 돈 욕심 때문에 종교를 바꾸어버린 아버지로 인해 종교에 대한 환멸을 느끼게 되었다. 훗날 아들은 〈공산당 선언〉을 쓰고, '종교는 대중의 아편'이라는 주장을 펼치며 반종교주의자의 대표주자가 되었다. 그의 이름은 칼 마르크스였다.

'가르치지 않아도 배운다'는 말로 모든 것이 정의될 수 있을 듯

하다. 내가 강의시간에 가르치겠다 마음 먹은 내용들이 그들이 배우는 것과 일치하지 않으리라. 어쩌면 내가 어떤 표정을 짓고, 어떤 말투를 사용하고, 어떤 마음으로 그들을 대하고 있는지가 더 그들에게 중요한 가르침일 수도 있다.

생각을 다듬고, 신중하게 행동하고, 바른 정신을 유지해야 한다. 이것이 가르침에 있어서 최우선이요, 핵심이요, 본질이다.

세상의 유혹 앞에서

가끔 영화나 드라마에서 보면 손짓 하나가 엄청난 힘을 발휘하게 되는 장면을 목격한다.

옛 로마 시대의 검투사들은 왕의 손 끝을 주시하고 그 뜻에 따라 상대방을 죽이기도 한다. 엄지손가락의 방향이 땅을 향했기 때문이다. 암흑가를 다룬 영화에서는 손날이 목 근처에 가면 그것은 곧 '제거'를 의미한다. 그 신호 하나에 수십 명의 행동대원들이 상대파의 심장부를 급습하고 일순간에 궤멸시키고 만다.

그보다 더 강한 손짓도 있다. 미래를 배경으로 한 SF영화에서는 버튼을 누르는 신호 하나가 곧 하나의 행성을 잿더미로 만들어버리는 끔찍한 결과를 만들어내기도 한다.

이렇게 목숨을 좌지우지할 정도의 엄청난 파워는 아닐지라도 나도 그런 힘을 갖고 싶다는 생각을 해본 적이 있다. 사람 문제로

괴로울 때였다. 인정해줄만한 권위도 존중해줄 만한 인격도 고개를 숙일 만한 지혜도 없는 그런 사람이 나를 작정하고 물고 헐뜯어댔다. 치밀어오르는 분노를 막기 힘들 지경이었다. 바로 그 즈음 내 마음속에 이런 생각이 떠올랐다. '손으로 이렇게 책상 위를 쓸어내듯 그 사람을 쓸어내 버렸으면 좋겠다.'

그런데 그런 생각을 하면서도 나는 어떤 마음의 위안도 찾을 수 없었다. 오히려 마음은 더 시끄러워져만 갔다. 속시원해질 줄 알았는데 그 반대였다. 누군가를 향한 미움의 마음, 정죄하는 마음, 부정적인 마음을 품고 있다는 자체가 나로서는 불편하기 짝이 없었다.

'그대로 당하고 있자니 억울하고, 똑같이 대응을 하자니 진흙탕 싸움에 휘말리는 꼴이 될 테고, 또 그렇다고 마음속으로 그치를 미워하고 정죄하려 했는데 오히려 맘이 더 불편해지네. 이럴 땐 어찌해야 되나.'

한마디로 진퇴양난이었다. 이러지도 저러지도 못하는. 그때, 나에게 다가온 한 구절의 성경말씀이 있었다.

그들을 두려워하지 말라. 너희 가운데 계시는 너희 하나님 여호와께서는 크고 놀라운 하나님이시다.

너희 하나님 여호와께서는 너희 앞에서 저 민족들을 차츰차츰 쫓아내실 것이다. 너희는 그들 모두를 한 번에 제거하려고 하지 말라. 들짐승들이 너희 주변에 들끓을지 모르니 말이다.

그러나 너희 하나님 여호와께서는 그들을 너희에게 넘겨주셔서 그들이 멸망할 때까지 큰 혼란에 빠뜨리실 것이다.

그분이 그들의 왕들을 너희 손에 넘겨주실 것이고 너희는 그들의 이름을 하늘 아래에서 완전히 없애버릴 것이다. 어느 누구도 너희에게 대항해 들고 일어날 수 없으며 너희는 그들을 멸망시킬 것이다. (신명기 7: 21~24)

하나님의 계획이 명확하게 내 앞에 드러나기 시작했다. 하나님은 역시 나의 이 모든 상황을 알고 계셨다. 그리고 계획을 갖고 계셨다. 나로 하여금 하나님의 존재를 깨닫게 만들어주신 것이다. 하나님을 믿고 의지할 수 있는 계기를 주신 것이다.

그 뿐인가. 하나님은 나에게 약속하고 계신다. 저들을 치워주시겠다고 하신다. 하나님의 강력한 손으로.

기독교는 믿음의 종교다. 오직 믿음으로 모든 것이 해결된다. 머리로 이해되지 않는다고 해서, 눈에 보이지 않는다고 해서 믿지 못한다면 하나님 안에 거할 수 없다.

나는 믿음으로써 하나님의 약속을 진정한 나의 것으로 받아들이게 되었다. 눈으로 읽는 약속이 아니라, 마음을 나누는 약속이다.

나를 지켜주신다는 약속과 동시에 하나님은 나에게 의무사항 하나를 던져주신다. 즉, 이것만은 어떤 일이 있어도 꼭 지켜주기를 당부하신다.

너희는 그들의 신들 형상을 불에 태우며 그것 위에 입힌 은과 금을 탐내지 말며 가져가지도 말라. 그것이 너희에게 덫이 될 것이며 너희 하나님 여호와께 가증스러운 것이기 때문이다. (신명기 7: 25)

세상에는 유혹이 너무도 많다. 그런데 그 유혹이 너무도 달콤하여 덥석 집어들기 십상이다. 모든 우상들이 그러하다.

'복을 주시는 하나님'을 믿고 따르면서, 어느 순간에는 하나님이 주신 복을 하나님보다 더 의지하고 추구하게 된다. 없던 돈이 생겼을 때, 없던 지위와 명예가 생겼을 때, 놀라운 인기를 얻게 되었을 때, 자칫 잘못하면 우선순위가 뒤바뀌게 된다. 그 속에 파묻혀 버리고 만다.

하나님은 결국 순종을 원하신다. 믿고 따르는 마음, 태도, 행동을 바라신다. 세밀하고 작은 마음 하나, 행동 하나도 하나님은 보고 기억하실 것이다.

강한 손은 이미 우리를 보호하고 계신다. 그 손을 거부하고 뿌리칠 것인가 또는 믿고 붙잡을 것인가는 전적으로 우리의 의지와 선택에 달려 있다.

자식이 잘 되기를 바라듯이

얼마 전 한 아버지와 아들의 모습을 보며 작은 마음의 울림을 받은 적이 있다.

아버지는 과거 축구선수였다. 잠시 국가대표로 뛴 적은 있었지만 그를 기억하는 팬은 그리 많지 않다. 지금은 유소년 축구팀의 감독을 맡고 있다. 그의 아들 역시 축구선수다. 이미 성인인데도 불구하고 아버지는 아들을 혹독하게 훈련시킨다. 기초체력 훈련은 물론이고, 볼 컨트롤 훈련까지. 같은 소속팀의 선수들은 오전 휴식을 취하고 오후 단체 훈련에 참가하지만, 이 아들은 오전 내내 네다섯 시간을 진이 빠지도록 아버지의 감독하에 훈련을 마친다. 그리고 나서야 오후 훈련을 하러 구장으로 향한다. 물론, 오후 훈련도 예외 없이 충실히 행한다.

이를 지켜보던 어떤 이가 물었다.

‘오후 훈련만으로도 힘들 텐데, 왜 이렇게 가혹한 개인훈련을 시키는가?’

아버지는 단호하게 말했다.

‘축구는 개인기를 갖춘 선수들이 함께 하는 경기다. 개인기가 없으면 좋은 선수가 될 자격이 없다. 내 아들은 내가 잘 안다. 개인기 훈련을 앞으로도 더 해야만 한다.’

그의 아들은 독일 분데스리가 명문팀 중 하나인 레버쿠첸 소속의 손흥민이다. 이미 그의 재능이나 가능성은 세계 유수 언론에서도 여러 번 크게 다룬 적이 있다.

아버지는 그런 주위의 이야기에 전혀 흔들림이 없었다. 아들은 아직 부족하고 오직 훈련만이 살아남는 길이라는 생각에서 조금도 물러나지 않았다.

아버지가 무서운 얼굴로 지켜보는 가운데 땀을 비 오듯 쏟으며 개인훈련에 몰두하고 있는 손흥민 선수의 모습. 물론 이 장면도 기억에 남지만 이보다 더 생생하게 내 머릿속에 남아있는 그림은 그렇게 고된 오전 훈련을 마치고 또 오후 훈련장을 향하는 손 선수의 해맑게 웃고 있던 모습이다. 어쩌면 저렇게 기분 좋게 웃음을 지을 수 있을까. 감탄이 절로 나왔다.

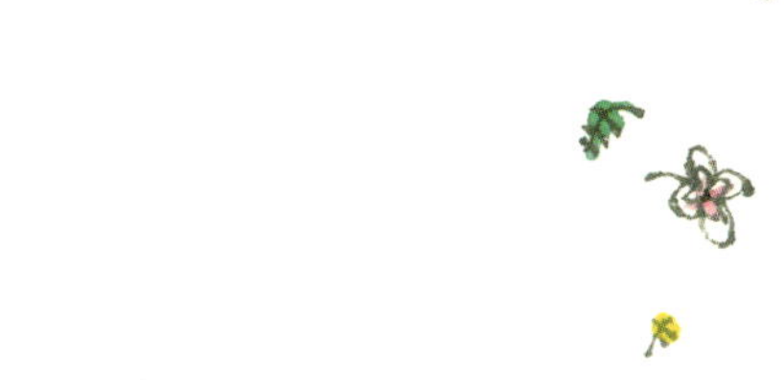

이 세상은 너무나 많은 고난으로 가득 차 있다. 늘 평안과 형통을 바라지만 뜻하지 않은 시험과 환란이 닥치고 우리는 그만 쉽게 낙심하고 좌절하고 만다. 크리스천이라고 예외는 아니다. 믿는 사람이나 그렇지 않은 사람이나 고난 앞에서는 차별이 없는 듯하다. 내가 아는 많은 크리스천 중에는 큰 병으로 고통받는 분, 경제적으로 고난 중에 있는 분, 주변 사람으로부터 크게 상처받는 분 등 결코 간단치 않은 어려움에 봉착해 있는 경우가 많다. 물론, 나도 그 중의 하나다.

언젠가 이런 생각을 한 적도 있다.

'하나님을 믿는데, 왜 나한테 이런 고난이 오는 걸까. 공의로운 하나님, 나를 사랑하시는 하나님, 나를 보호해주시는 하나님인데 무슨 까닭으로 이런 고통을 주시는가. 무슨 큰 잘못을 저지른 것도 없는데.'

실망과 낙담을 넘어 불평 불만의 단계로 접어든 적도 있다.

'하나님, 대체 저한테 왜 이렇게 힘든 상황을 주시는 겁니까.'

아슬아슬하게도 불신의 단계 직전까지 간 적도 있다.

"하나님이 나의 모든 것을 계획하신다고? 근데 하필이면 왜 이런 악조건을 미리 계획했을까. 모든 걸 계획한다는 건 지나친 믿음 아냐?"

홧김에 이 말을 애꿎게도 아내에게 해버렸다. 아내는 느닷없는 나의 거친 발언에 황당해했다.

이렇게 나는 여러 번이나 하나님의 계획하심에 도전하고 의심하고 불평했다. 도대체 왜 고난까지 계획에 집어넣으셨냐고.

너희 하나님 여호와께서 40년 동안 광야에서 너희를 어떻게 이끄셨는지, 어떻게 너희를 낮추시고 너희를 시험해 너희 마음에 무엇이 있는지, 너희가 그분의 명령을 지키고 있는지 아닌지 알려고 하셨음을 기억하라.

그분이 너희를 낮추시고 배고프게 하셔서 너희나 너희 조상들이 전혀 알지 못했던 만나로 먹이신 것은 너희로 겸손하게 해 사람이 빵으로만 사는 것이 아니라 여호와의 입에서 나오는 모든 말씀으로 사는 것임을 가르쳐 주시려는 것이었다. (신명기 8:2~3)

이스라엘 백성들은 무려 40년이라는 오랜 기간 동안 광야 생활을 해야만 했다. 그런데 그 40년은 결코 무의미하고 헛된 시간이 아니었다. 하나님에게 순종하지 않고 자신의 의지를 따라 방탕하

게 살아가던 백성들로 하여금 스스로 깨닫고 회개하게 하여 하나님의 백성으로 다시 태어날 수 있게 만든 거룩한 시간이었다. 그 목적을 달성하기 위해 하나님은 그들에게서 평안과 형통을 빼앗는 대신에 고난과 시험을 내리신 것이다. 그들은 더 이상 낮아질 수 없을 만큼 낮은 자리로 떨어져 내렸다.

그러니 너희 마음에 사람이 자기 아들을 훈련하듯 너희 하나님 여호와께서 너희를 훈련하시는 것을 알라.
너희 하나님 여호와의 길로 걷고 그분을 경외하며 그분의 명령을 지키라. (신명기 8:5~6)

최고의 축구선수가 되기를 바라는 마음에 혹독한 훈련을 시키는 아버지. 그와 같이 하나님도 우리를, 아니 나를 귀하게 쓰임받을 수 있는 재목이 되길 바라는 마음에 비록 힘들고 괴롭지만 혹독한 훈련을 시키고 계신 것이다. 나는 위 말씀을 통해 비로소 깨달음을 얻게 되었다. 믿고 따르면 하나님은 분명 내가 상상한 것 이상의 새로운 세상을 나에게 펼쳐 보여주실 것이다.

너희 하나님 여호와가 너희를 좋은 땅, 시냇물과 샘물이 있고 골짜기와 언덕에 냇물이 흐르는 땅에 들여보내실 것이다.

그 땅에는 밀과 보리가 있으며 포도나무들과 무화과나무들과 석류나무가 있으며 올리브기름과 꿀이 나는 땅이다.

그 땅에서 너희는 부족함 없이 빵을 먹을 것이며 너희가 그 안에서 아무것도 모자라는 것이 없을 것이다. 그 땅의 바위들은 철이고 너희는 산에서 청동을 캘 것이다. (신명기 8: 7~9)

이 모든 것을 한마디로 하자면, '하나님의 축복'이다. 그것도 넘치는 축복이다. 하나님은 궁극적으로 복을 주시기 위해 나를 만드셨다. 다른 건 모두 내려놓더라도 오직 이 믿음 하나만 내려놓지 않고 붙들고 산다면 앞으로 닥칠 어떤 고난과 고통도 능히 이겨낼 수 있을 것이다.

복이 독이 되지 않도록

한 중년 남자의 이야기다.

약 10년 전 평범한 직장생활에 지루함을 느끼던 그에게 어느 날 손꼽아 기다리던 멋진 기회가 찾아왔다. 두 달여 전에 신규사업 제안서를 제출한 적이 있었는데 놀랍게도 회장이 다른 모든 제안서를 제쳐두고 그의 제안서를 '바로 실행하라'고 지시한 것이다. 신규사업의 핵심 책임자가 된 남자는 오랜만에 열정적으로 일을 하기 시작했다. 회사 내에서 그의 입지는 하루가 다르게 높아졌다. 외부적으로도 관계사들 사이에서 그의 영향력은 과거에 비할 바가 못 되었다. 신규 사업이 자리를 잡아가면서 부하 직원의 수는 100명을 넘어섰고, 그가 한 해에 쓸 수 있는 예산은 무려 100억 원에 달했다.

아침에 눈을 뜰 때마다 그는 '오늘은 또 어떤 신나는 일이 벌어질까' 하며 활기하게 하루를 시작했다.

주변의 수많은 사람들이 그에게 이런저런 부탁을 해오기 시작했다. 그들은 죄다 빈손이 아니었다. 선물도 있었지만, 주로 현금이 든 봉투였다. 매일 저녁 접대 자리가 줄을 이었다. 구름 위에라도 떠있는 듯 했다.

이를 지켜보던 한 동료는 이렇게 말했다.

"몸 생각해가면서 일 해. 너무 소진을 하면 오래 못 가."

사실 이 말은 점잖게 던진 일종의 경고였다. 그렇게 처신했다가는 언제 나락으로 떨어질지 모른다는. 그러나 남자는 동료의 말을 무시했다.

'너도 별수 없는 놈이구나. 부러우면 부럽다고 할 것이지. 비비꼬아서 말하기는… 못난 놈.'

남자의 주변에는 이제 친구와 동료는 없어지고, 어떻게 남자를 이용해서 돈을 벌까만 밤낮 생각하느라 눈이 벌개진 이들만 우글거렸다. 남자는 행복했다.

'이런 게 바로 성공이구나. 모든 인간들이 꿈꾸는 그런 성공.'

실제로 그의 품 안에는 성공의 성과물들이 가득 안겨졌다. 거듭되는 승진, 매년 쭉쭉 오르는 연봉, 사내에서의 파워 증대, 수많은 사람들로부터 받는 접대, 월급보다 많아진 판공비, 그보다 더 많

아진 사이드 머니(뒷돈)까지. 씀씀이는 커졌고, 생활은 문란해지기 시작했다. 안하무인 식의 행태가 서서히 드러나기 시작했다. 그에게 주어진 복이 치명적인 독으로 변하는 데는 그리 오랜 시간이 걸리지 않았다.

외주업체 사장들이 의기투합하여 공동명의로 작성한 투서가 회장 앞으로 날아간 것이다. 외주업체들에게 물량 공급을 미끼로 감당하기 힘든 금품과 향응을 요구하여 정상적인 거래관계를 유지하기 힘들다는 얘기였다. 더불어 남자를 지금의 해당 업무로부터 배제시켜 달라는 호소였다.

무섭기로 소문난 사내 감사팀이 바로 다음날부터 암암리에 움직였다. 그동안 남자가 받아온 모든 뇌물과 향응 내역이 회장에게 보고되었고, 결국 남자는 한마디 변명의 기회도 없이 해고되고 말았다.

불행은 그뿐이 아니었다. 여러 건의 민사, 형사상 고소 사건에 휘말려 법원 출두 명령이 하루가 멀다하고 떨어졌다.

여기까지가 내가 기억하고 있는 그의 마지막 모습이다. 그가 어디에서 어떻게 지내고 있는지는 몇 년이 지나도록 아무도 모르고 있다.

우리는 누구나 축복을 바라고 원하고 꿈꾼다. 하나의 축복이 이뤄지면, 그에 만족하지 않고 더 큰 축복을 갈망하게 된다.

'나에게 멋진 직장이 있었으면.'

'임원으로 승진할 수 있다면.'

'사업이 더 크게 성공할 수만 있다면.'

'빌딩 한 채 말고, 한 열 채만 가질 수 있다면.'

축복에 감사하고 만족한 삶을 살아야 하건만, 우리네 모습은 그렇지 않다. 이미 주어진 축복은 당연한 것으로 여긴다. 더욱이 그 축복을 '내가 잘 해서', '내가 잘나서', '내가 열심히 살아서' 얻은 것으로 생각한다. 한마디로 교만해지는 것이다. 교만은 감사의 마음, 자족의 마음, 은혜의 마음을 일순간에 몰아낸다. 그리고 그 공간을 한없는 이기주의, 추악한 탐심, 치명적인 자기과신으로 채워 버린다.

물론 나도 그에서 예외일 수 없다.

작은 성공에 취해 자만한 적이 한두 번이 아니다. 일례로 책 한 권이 베스트셀러가 되었다고 해서 우쭐했고, 내 실력이 대단한 것처럼 착각했다. 책을 쓰기만 하면 베스트셀러가 될 것이라는 헛된

기대를 품었다. 그 기대가 무너지면, 내 탓을 하기보다는 출판사 탓, 독자 탓을 했다.

지금 돌아보면 부끄러운 마음이 들지만, 당시에는 너무나 당연하고 자연스러운 생각이라고 확신했었다. 인간의 이성이란 것이 얼마나 편협하고 지엽적이고 자기 주관적인가를 깊게 깨달을 수 있는 계기가 되었다.

너희 소들과 양들이 많아지고 너희 은과 금이 많아지며 너희가 가진 모든 것이 불어날 때 너희 마음이 교만해져 이집트에서, 그 종살이하던 땅에서 너희를 이끌어 내신 너희 하나님 여호와를 잊게 될 것이다.

그분이 독사와 전갈이 있는 그 광활하고 무서운 광야에서, 그 마르고 물 없는 땅에서 너희를 이끌어 내셨고 딱딱한 바위에서 물을 내셨으며 광야에서 너희 조상들이 전혀 알지 못했던 만나를 너희에게 주어 먹게 하셔서 너희를 낮추시고 시험해 결국에는 너희가 잘되게 하였다. (신명기 8:13~16)

나의 모든 재능, 내가 받은 은혜, 내가 누린 축복, 이 모든 것은 하나님으로부터 온 것이다. 하나님이 나를 위해 주신 것이다. 그

것을 바라고 원할 때는 하나님을 찾다가 정작 그것이 내 손에 떨어지면 하나님을 잊는다. 감사를 잊는다. 그것이 곧 교만이요, 독이다.

나의 소유를 생각해본다. 집, 통장, 주식, 자동차, 가구….

나의 성취도 생각해본다. 직업, 직위, 저서, 경력….

이 밖에 내가 갖고 있고 이루어놓은 모든 것들은 내가 아닌 하나님의 힘으로 만들어진 것임을 이 순간 고백한다.

앞으로 갖게 될 모든 것, 이루게 될 모든 것 또한 내가 아닌 하나님의 계획대로 하나님의 의도대로 하나님의 힘으로 만들어질 것이라 고백한다. 하나님이 갖으라 하시는, 이루라 하시는 것을 위해 이미 주신(혹은 앞으로 주실) 능력, 달란트, 지혜, 비전을 사용하리라 다짐해본다.

채우고
비워내고
채우고
비워내고

내 안에
작은 영웅이 산다

　　매년 학과에서는 새로운 리더를 뽑는다. 학생 전체를 대표하고 또 그들을 위해 봉사하는 학생회장 선거를 치른다. 보통 선거와 마찬가지로 추천을 받은 후보자들이 각자 입후보 발언을 하고 전체 학생의 투표를 통해 학생회장을 선발한다. 교수로서 나는 이 모든 과정에 일절 관여하지 않는다는 원칙을 고수하고 있다. 사실 다른 일부 교수는 자기 말을 잘 듣는 학생, 다루기 쉬운 학생이 학생회장이 되기를 은근히 바라며 일종의 입김을 불어넣기도 한다. 그러나 나는 절대 불개입이다. 단, 학생회장이 선출된 후에 나는 단 한 번 강력한 개입을 한다.

　　이번 년도에도 역시 학생회장으로 당선된 한 학생이 인사차 내 연구실을 방문했다.

　　나는 단호한 표정으로 이렇게 말해주었다.

"축하한다. 너에게 한 가지 아주 중요한 사항을 얘기할 게 있다. 우선, 학생회장의 정체성에 대한 거야. 학생회장은 교수의 말을 그대로 따르는 심부름꾼이 아냐. 교수의 말을 학생에게 전달하는 전령도 아니고, 그럼 뭐하는 사람이냐, 첫째, 학생회장은 학생의 이야기를 잘 들어주는 사람이야. 그리고 둘째, 학생의 문제를 해결해주는 사람이지. 마지막 셋째, 필요하다면 교수와 학교에게 학생의 이야기를 대변해주는 사람이야. 이것만 명심하고 잘 지키길 바란다."

어느 조직에나 지도자는 있기 마련이다. 회사에는 팀장, 임원, 경영자. 학교에는 총장, 처장, 학과장 등이 있다. 나도 역시 학과장을 지낸 바 있고, 평교수라 하더라도 교수로서의 역할 자체가 지도자로서의 역할과 다름없다는 인식을 갖고 있다. 즉, 나 역시 참다운 지도자로서 어떤 생각과 태도, 행동을 갖춰야 하는지에 대해 배우고 깨우쳐 나가야 할 사람임에 틀림없다. 현명한 지도자, 존경할만한 지도자가 되기 위해서는 어떤 조건을 갖추어야 할까.

내가 그때 너희 재판장들에게 명령해 이스라엘 백성들 사이에 있는 사건이든, 이스라엘 사람과 이방 사람 사이의 사건이든 너희

형제들 사이의 분쟁을 잘 듣고 공정하게 심판하고 편파적으로 하지 말고 낮은 사람이든 높은 사람이든 똑같이 대하며 너무 어려운 일이거든 내게 가져와 듣게 하라고 했다. (신명기 1: 16~17)

뛰어난 지도자에게 있어 가장 우선시되는 덕목은 '공정성'이다. 좌로 우로, 또는 위로 아래로 치우치지 않는 것이 최우선 과제다. 그런데 이 '공정성'의 덕목을 갖춘 지도자를 찾아보기 힘든 요즘이다. 어느 정도 직급이 오르고 권력의 핵심부에 다가갈수록 마치 자석에 끌려가는 쇠붙이마냥 윗사람의 생각과 행동에 동화되어간다. 윗사람의 가치관을 새 옷처럼 갈아입고, 그 사람을 대변하는 인물로 탈바꿈한다. 그것이 그 자리를 보전할 수 있는 길이라고 믿기 때문이다. 물론, 그렇게 해서 자리 보전을 노려볼 수는 있겠지만, 아랫사람의 기대와 신망은 일순간 땅에 떨어지고 만다. 얼마나 많은 국회의원, 행정관료, 기업 임원들이 그렇게 아랫사람들로부터 멀어져 갔는가.

이뿐인가. 지도자라는 신분을 이용해 자신의 측근들을 대거 요직에 앉히려든다. 자기 말이라면 무조건 예스를 외치는 추종세력들로 인의 장막을 쳐놓는 것이다. 그 순간부터 조직은 밀폐되기 시작한다. 환기가 안 된다. 새로운 공기 유입을 차단한 채 늘 골방에

서 밀실 정치만을 펼치게 된다. 공개되지 않는 자기들만의 패거리 문화는 결국 각종 병폐들을 양산하며 조직을 쓰러뜨리고 만다.

뛰어난 지도자의 두 번째 덕목은 '포용력'이다. 아무리 뛰어난 인재들이 모인 조직이라 해도 그들 능력에는 차이가 있고 업무 스타일도 다 제각각이다. 능력에 따라 차별을 하고, 자신에게 맞는 스타일의 직원만 총애한다면 구성원간의 균열과 조직의 와해는 정해진 수순이다.

내가 겪어본 지도자 중 아랫사람으로부터 가장 존경받으며 사업 실적 또한 우수했던 지도자 한분이 떠오른다.

그분은 나를 포함한 모든 직원들을 세세히 관찰하고 분석한 이후 업무적으로 미진한 부분이나 직장생활에 있어 지켜야 할 부분들에 대해 날카롭게 지적해주었다. 그러나 그에 그치지 않고 부족한 부분을 꾸준히 메우며 각자 자신의 목표를 향해 발전할 수 있도록 세심하게 다양한 기회를 제공해주었다. 필요하다면 기꺼이 팔을 걷어붙이고 말단 직원과 함께 밤샘작업을 하기도 했다. 업무 외적으로도 함께 식사를 나누고 여행도 하며 인생에 대해 두런두런 이야기를 나눴던 기억도 생생하다. 지금 돌이켜보면 그분은 부하직원을 그저 밑에서 일을 처내는 사람이라 여기지 않고 인생을 함께 걸어가는 동행자라 생각했기 때문에 그런 배려와 포용이 가능했던 것 같다.

이러한 포용력 있는 지도자는 지금도 수많은 조직과 기업에서 가장 필요로 하는 존재다. 한 사람의 지도력으로 오랜 갈등을 종결시킨 사례는 역사에 얼마든지 있다.

마하트마 간디가 그랬고, 넬슨 만델라가 그랬다. 이 시대에는 제2, 제3의 간디와 만델라가 필요하다. 그래야 갈등과 분쟁이 줄어드는 가운데, 평화로운 일상을 즐길 수 있을 것이다.

나부터라도 '제2, 제3'까지는 안 되더라도 '작은 간디, 작은 만델라'를 목표로 지도력을 키워야겠다고 다짐해본다.

그래도 너는 달라야 한다

어제의 일이다. 아내와 나는 차를 몰고 이웃 아파트 단지를 방문했다. 미술 수업을 마친 딸아이를 데리러 간 길이었다. 퇴근시간이 지난 후라 아파트 주차장은 빈자리가 없었다. 장애인 주차장 한 자리를 빼고는.

운전을 하던 아내는 자연스럽게 장애인 주차장에 차를 대려고 했다.

"어, 뭐하는 거야. 여기 장애인 주차장인데…."

나는 깜짝 놀라 말했다.

"아파트 아줌마들은 다 여기다 주차해."

"남들이 다 하니까, 우리도 하면 된다고? 그런 게 어딨어."

나는 마침내 큰소리를 냈다.

"빨리, 차 돌려."

장애인 주차장은 그렇게 그대로 비워지게 되었다.

바로 그때, 한 대의 고급 자가용이 스르륵 미끄러지듯이 다가오더니 우리가 막 빠져나온 장애인 주차장에 차를 대는 것이 아닌가. 한 아주머니가 내리더니 차를 '삑―' 하고 잠그고는 뒤도 안돌아보고 걸어가고 있었다. 마침 그 옆을 지나가던 경비원 아저씨가 한마디를 던졌다.

"장애인 주차장에 주차를 하면 어떻해요?"

그 아주머니, 무슨 의미인지 모르겠지만 슬쩍 웃고는 주저없이 그냥 경비원을 스쳐 지나가버렸다.

한 통계에 의하면, 우리나라 가구의 10분의 1이 장애인 가정이라고 한다. 즉, 열 가정 중 한 가정은 가족 중 누군가 한 사람이 장애를 가졌다는 말이다. 내가 겪는 일이 아니라고 남의 일을 너무 가볍게 넘어가는 것은 아닌지 씁쓸한 느낌이 들었다.

이 시대의 리더들도 마찬가지다. 얼마나 많은 리더들이 자신의 자리를 이용해서 악행을 저지르는가. 그러면서 은근히 항변한다.

'나만 그러는 거 아니야. 다들 그런데 뭐.'

238..

남들이 부정 축재를 하듯이, 자신도 부정 축재를 한다. 남들이 인사 비리를 저지르듯이, 자신도 인사비리를 저지른다.

회계 부정, 세금 포탈, 측근 정치, 불공정 거래…. 이런 모든 부정과 비리를 저지르면서도 죄책감을 갖지 않는다. '다들 그렇게 하니까…' 하는 심리 때문이다.

학교도 마찬가지다. 그래서는 안 될 일이지만 학생들이 모은 돈을 교수가 개인 통장으로 보관하고 또 그 돈이 결국 한 개인, 교수의 회사에 창업자금으로 쓰이는 비윤리적이며 반교육적인 행위가 벌어지기도 한다.

또 자신의 우월한 지위를 이용해 학생들에게 돈을 빌리고서 갚지도 않는 교수도 있다. 그러면서도 학생들을 윽박지르고 마음대로 휘두른다. 과연 윗사람으로서 할 수 있는 일인가 싶다. 더군다나 교육자라면서.

그렇다. 꼭 리더의 자리는 아니라 하더라도 우리는 누구나 다 누군가의 윗사람이다. 윗사람으로서 언행을 조심해야 함에도 불구하고, 윗사람이기 때문에 쉽게 실수를 저지른다. 자신의 생각대로, 자신의 의지대로 아랫사람을 다룬다. 마치, 누구로부터 모든 권한을 부여받은 사람처럼 그렇게 행동한다. 주변을 보면 어질고 존경받는 윗사람보다는 허물 많고 존경은커녕 비난의 대상이 되는 윗사람들이 허다하다. 그것을 타산지석으로 삼으면 좋으련만, 은근히 기댈 언덕으로 삼아버린다.

'저들도 다 하는데, 나라고….'

그러나 하나님은 우리에게 이렇게 말씀하신다.

"그래도 너는 달라야 한다."

힘들고 괴로운 주문이고 명령이다.

살짝 피하고 싶은 심정에 대고 하나님은 또 한번 말씀하신다.

"너만은 달라야 한다."

오늘도 나는 많은 학생들과 하루를 보낸다. 강의실에서는 물론이고, 내 연구실에서, 복도에서, 캠퍼스 곳곳에서 그들을 만난다.

과연 나는 그들에게 '고개가 저절로 숙여지는 윗사람'으로 비쳐지고 있는가. 돌아보고 또 돌아볼 일이다.

네
마음
입니다

같이 걸어가기

엉 어— 엉. 딸아이가 학교에서 돌아오자 마자 통곡을 하기 시작했다.

무슨 큰 일이라도 있었나 싶어, 엄마는 마음이 다급해졌다.

"왜 그래. 울지 말고 말해봐"

아이는 뭐가 그리도 서러운지 말을 제대로 못하고 울기만 했다. 간혹, 뭔가 말을 하려고 했지만 엄마는 그 말을 제대로 알아들을 수가 없었다.

"아휴, 답답해라. 뚝 그치고 제대로 말을 해봐."

이렇게 한참을 실랑이를 벌인 끝에 겨우 말문을 연 딸의 첫 마디.

"민영이가 나를 때렸어."

"민영이가?"

"그래. 민영이가 두꺼운 책으로, 그것도 모서리로 내 머리를 세

번이나 때렸어."

"왜?"

"그건 몰라, 그러니까 억울하지."

민영이는 딸아이와 같은 반 친구였다. 정신지체 장애를 갖고 있지만 늘 딸아이와 잘 지내던 아이라 엄마는 적잖이 놀랐다.

"그래도 이유가 있을 거 아냐."

"옆에 있던 다른 친구가 그래서 물어봤어. '민영아, 너 왜 때린 거야. 그냥 짜증나서 그런거야? 아니면, 얘가 미워서 때린거야?' 근데, 민영이가 '미워서!'라고 대답하지 뭐야. 그게 더 속상해. 그래서 눈물이 막 나와."

딸아이의 심정이 이해가 되었다. 수업시간이나 점심시간, 쉬는 시간 할 것 없이 가장 먼저 민영이를 도와주고 챙겨주는 게 딸아이였기 때문이다. 늘 그 모습을 선생님이 칭찬해주었고, 다른 친구들도 딸아이가 하는 걸 보고 덩달아 민영이를 도와주고 잘 놀아주었던 것이다. 그런데 황당하게도 그런 민영이가 자신을 향해 '미워서' 때렸다는 표현을 한 것이다.

엄마는 애써 아이를 진정시키고는 민영이의 엄마와 통화를 했다. 민영이 엄마는 이미 선생님으로부터 연락을 받고 어떤 일이 있었는지 다 알고 있었다. 첫마디부터 사죄였다.

"그렇잖아도 제가 먼저 전화 드리려고 했어요. 정말 죄송해요. 저희 민영이 때문에….."

아이 엄마는 최대한 침착하게 물었다.

"민영이가 그럴 아이가 아니라고 믿고 있어요. 그런데 제 아이 말만 들으면….."

"네, 맞아요. 민영이가 책 모서리로 때린 것 맞아요. 정말 죄송해요. 제가 선생님 설명을 듣고 추론을 해보니까. 아마도 민영이가 어려운 내용을 배우다가 그만 스트레스를 받고 제어력을 잃었던 가봐요. 근데, 그 표현을 가장 편하게 생각하는 대상에게 하다보니….. 그렇게 된 거 같아요."

"그런데 친구들이 왜 그랬냐고 물었을 때, 짜증나서 그런게 아니라, 미워서 그랬다고 대답했대요. 제 아이는 그게 더 속상했던 모양이에요."

"저런, 속이 많이 상했겠네요. 그런데 민영이는 아직 '짜증난다'거나 '미워한다'는 의미를 정확하게 분별하지 못해요. 그러니까, 그냥 별 의미없이 대답했을 거예요. 지금 자기 의사표현이 정확한 건 배고파, 더워, 추워….. 뭐 이런 정도밖에 안 되거든요."

아내는 통화를 끝낸 후, 딸에게 찬찬히 설명을 해주었다. 아이는 그제서야 의문과 화가 동시에 풀리기 시작했다.

그리고 언제 그랬냐는 듯이 거실을 콩콩 뛰어다니며 콧노래를 불러댔다. 잠자리에 들기 전, 아이는 엄마에게 이렇게 말했다.

"엄마, 나 오늘 일로 여러 가지를 배우게 된 거 같아. 민영이랑 슈(집에서 키우는 마르티스 강아지 이름)랑 내가 등산을 가는 거야. 그런데 나는 한 걸음에 1미터씩 걷는데, 민영이는 한걸음에 20센티미터를 걷는 거고, 슈는 10센티미터를 걷는 거야. 그러니까 내가 민영이랑 같이 걸으려면 나도 20센티미터씩 걸으면 되고, 슈랑 같이 걸으려면 10센티미터씩 걸으면 되는 거야. 그치?"

"맞아. 그래야 같이 걸어갈 수 있는 거지."

아이는 그 어떤 날보다 행복한 표정으로 엄마 품에서 잠이 들었다.

사랑할 수 있는 것도 능력입니다

사람을 사랑하는 일

현대적 백화점을 처음으로 선보이며 거대한 부를 쌓은 '백화점 왕' 존 워너메이커. 그가 우리들에게 남긴 유산은 물질적인 것이라기보다는 오히려 정신적인 것이 크고 또 깊다.

워너메이커는 성심성의껏 직원들을 대우하고 또 진심으로 사랑했다. 사업을 시작하면서 그는 직원들에게 업계 최고의 연봉을 주었고, 6개월 이상 근무한 직원에겐 무조건 유급휴가를 주었다. 토요일에는 오전 근무제를 시행했고, 연 2주간의 유급휴가제도, 의료보험제 등을 시행했다. 또 직원들에게 교육의 기회를 주고, 스포츠 센터와 의무실, 식당 등 직원 편의를 위한 각종 시설을 완비하였다. 지금으로부터 무려 100년 전의 일이다. 지금도 이런 혜택을 다 누리는 직장인은 극소수에 불과하다.

존 워너메이커가 단순히 돈을 벌고자만 했다면, 도저히 불가능한 일들이다. 더욱이 당시의 시대적인 상황을 보면 그 누구도 감히 시도하기 어려운 결단들이다. 과연 그는 어떤 신념을 갖고 있었기에 이런 길을 걸었을까.

백화점 창립 50주년 기념식에서 그가 직원들을 향해 한 말을 보면 그의 심정을 읽을 수 있다.

"나는 여러분들이 나의 가족이라는 것이 정말 기쁘고 자랑스럽습니다. 나는 여러분 한 사람 한 사람을 믿고 사랑합니다. 각자의 가정에서 너무나 소중하고 귀한 존재인 여러분이 이곳에서도 똑같이 소중한 가족으로 열심히 일하고 있다는 사실을 알고 있기에 나는 여러분을 믿고 더욱 사랑할 수밖에 없습니다."

(이채윤, 〈성경이 만든 부자들〉 중에서)

누구나 부자가 되기를 열망하지만 그렇게 되지 못하는 이유는 어쩌면 워너메이커와 같은 '사랑'이 결여되었기 때문일지도 모른다. 결국 돈은 사람을 통해 들어오는 것이고, 그 사람의 마음을 얻어야만 비로소 돈이 내 손에 쥐어지는 것이다. 이것이 가장 기본적인 비즈니스의 원칙임에도 불구하고 많은 이들은 사람을 보지 않고, 또 사람의 마음을 돌보지 않고 돈만 쫓는다. 부로부터 멀어

250..

지는 이유다.

요즘 기업이나 공공기관 혹은 단체에서 가장 흔히 쓰이는 말 중 하나가 '소통'이다. 그러나 소통을 외치는 조직 치고 소통이 잘 되는 조직을 본 적이 없다. 소통을 외치면 외칠 수록 소통은 커녕 불통, 먹통이 되고 만다. 대체 왜 그럴까.

내가 경험한 한 회사의 예다. 사장은 매 훈시 때마다 이렇게 말한다.

"우리 회사에서 가장 큰 문제는 소통이 잘 안 되고 있다는 겁니다. 아래에서 어떤 일이 벌어지고 있는지 윗사람들은 전혀 모르고 있고, 위에서 돌아가는 얘기도 아래 직원들한테는 전혀 전달되지 않고. 도대체 왜들 이러는 겁니까? 이뿐만이 아닙니다. 부서들끼리 서로 협조를 잘해서 해결 할 일도 서로 소통을 안 하고 있으니 일이 돌아갈 리가 없죠. 생산부에서 하는 일을 영업부에서 모르고, 영업부 사정을 생산부가 모르고. 그러니 제때에 납품을 못하는 일이 생기는 것 아닙니까. 소통을 안 하면서 생기는 손해는 대체 누가 변상할 겁니까?"

이 훈시를 듣고 나서 직원들은 삼삼오오 모여 이렇게 잡담을 나눈다.

"사장 또 시작이네. 아니, 그동안 소통을 가로막은 게 누군데. 이제 와서 책임을 직원들한테 돌려."

"누가 아니래. 야근 수당이랑 야근 식대 좀 올려달라고 건의한 지가 언젠데, 아무런 대꾸도 없고말야. 사장 먼저 소통해야 되는 거 아냐?"

"그러게. 뭐 대단한 거 요구한 것도 아니잖아요. 여직원들 휴게실 문제도 그래요. 한번 가보세요. 완전 창고에요. 환경 개선 좀 해달라고 몇 번이나 건의했는지 몰라요. 아무런 조치도 없고, 대답도 없어요."

"말 마. 내가 과장 될 때까지. 사원 얘기 뭐 들어준 적이 없어. 난 포기한 지 오래야."

"직원에 대한 애정이 없나보죠."

"아, 그건 확실해. 직원들 경조사에 한번 참석하는 걸 못 봤으니까."

과연, 이 회사에서는 사장의 바람대로 소통이 제대로 이뤄질 수 있을까. 서로에 대한 신뢰도, 사랑도 결여된 채, 이야기를 주고 받는다 한들 생산적인 결과물이 나올 수 있을까. 발전을 기대할 수 있을까. 회의적이다.

사랑은 어느 날 급조되는 게 아니다. 정성껏 키우고 가꿔가는 것이다. 사장이 되었다고, 선생이 되었다고 그날부터 직원 사랑,

학생 사랑이 샘솟는 게 아니다. 사랑의 마음이 준비되지 않은 사람은 결국, 부적격 사장, 부적격 선생, 부적격 선배, 부적격 부모가 될 뿐이다.

워너메이커에게는 남다른 '사랑'이 있었다. 사람을 사랑하는 것이 돈보다 사업보다 우선이었고, 귀한 일이었다.

뛰어난 사업적 감각과 리더십을 지닌 그였기에 훗날 체신부 장관으로 위촉을 받게 되는데, 그는 다음과 같은 조건을 달았다.

'나는 주일학교 교사로 봉사하고 있습니다. 만일 체신부 장관이 된다면 주일학교 교사직을 그만두게 될지 모릅니다. 그러므로 제안을 거절하겠습니다. 단, 주일만이라도 지금 섬기고 있는 고향의 교회로 내려와 주일학교 일을 계속 할 수 있게 해주신다면 장관직을 맡겠습니다.'

조건은 수락되었고, 그는 체신부 장관직을 하면서도 매주 빠짐없이 주일학교 교사 일을 수행했다.

워너메이커는 열아홉 살부터 여든다섯 살, 눈을 감을 때까지 무려 67년간 한주도 빠짐없이 주일학교 일을 성실히 수행했다. 단순

한 의무감과 책임감보다는 자신의 일을, 주일 학교를, 그곳의 아이들을 '사랑'했기에 가능했던 일이다.(앞의 책 참조 및 인용)

높은 자리에 오르고 싶은가. 남들로부터 존경을 받고 싶은가. 좋은 선배, 좋은 동료가 되고 싶은가. 원하는 지점이 그 어디든 그곳에 도달하기 위해서는 '사랑'이라는 연료가 필요하다는 것을 잊어선 안 된다. 머리가 아닌 가슴에 새겨야 할 말이다.

그대, 세상을 바꾸고 싶다면

미국의 한 한인교회 목사와 그 아이들, 그리고 한 강아지에 얽힌 이야기다.

어느 가정이나 마찬가지겠지만, 아이들이 조금 자라나면 으레 강아지 한 마리 키우고 싶다며 부모를 조르기 마련이다.

정 목사의 아이들도 마찬가지였다.

먼저 작은 녀석이 졸라댔다.

"아빠. 강아지 한 마리 키우고 싶어요."

아빠가 냉담한 반응을 보이자 큰 녀석이 제법 의젓하게 아빠 설득에 나선다.

"아빠, 강아지 한 마리를 키우면서 동물에 대한 사랑도 배울 수 있잖아요. 어차피 모든 생명은 소중하니까요. 분명 여러 가지로 도움이 될 거예요."

그렇게 시작된 강아지 타령은 며칠 동안이나 계속되었다.

아이들은 아빠와 눈만 마주치면,

"아빠— 강아지 키우고 싶어요" 하며 양팔로 정 목사의 허리를 휘감았다.

두 아이의 협공에 결국 정 목사의 기세는 꺾이고 말았다.

"그래, 한 마리 구해보자."

아빠는 근처 애견센터에 들렀다. 그리고 작고 귀여운 녀석 한 마리를 골랐다. 가장 저렴한 녀석으로. 50달러였다.

'어차피 한때야. 조금 키우다보면 지네들이 먼저 지겨워할 거야. 밥 줘야지, 목욕시켜야지, 운동시켜야지. 나중에는 그런 것들이 얼마나 귀찮고 힘든 노동인 줄 깨닫게 될 걸.'

애견센터에는 수백 달러가 넘는 훌륭한 혈통의 강아지도 있었다. 비록 작은 몸집이었지만 한눈에 보기에도 기품이 느껴지는 녀석들이었다. 그에 비해 50달러짜리 제일 싼 개는 당연히 볼품이 없었다. 한국의 여느 시골마을에서 흔히 볼 수 있는 똥개 누렁이를 꼭 닮았다.

그럼에도 불구하고 아이들의 반응은 뜨거웠다.

"와, 진짜 우리 강아지에요?", "아빠, 고마워요. 쪽", "강아지 너무 귀여워요", "꼬랑지 흔드는 것 좀 봐요. 우리가 맘에 드나 봐

요", "침대에서 같이 자도 되요?", "이름을 뭐라고 지을까", "아빠가 누렁이라고 그러는데, 그냥 그렇게 부를까?", "오늘을 누렁이 생일로 정하고, 1년 후에 파티를 열어주자".

아이들은 강아지를 이리 저리 보듬으며 끝없이 재잘댔다.

그 모습을 지켜보던 정 목사는 내심 '이렇게 좋아할 줄 알았으면 진작 좀 사줄 걸 그랬나' 하며 겸연쩍은 표정을 지어보였다.

그렇게 아이들은 50달러짜리 누렁이와 즐거운 나날을 보냈다. 누가 시키기 전에 매일 일정 시간 정성껏 목욕을 시켜주었고 끼니 때를 놓칠 새라 알람시계를 맞춰놓고 밥을 챙겨주었다. 치킨에 오리고기에 간식도 한보따리 사다놓고 짬짬이 먹여주었다. 밤이 되면, 누렁이는 어김없이 아이들 침대 속에서 아이들과 함께 벌러덩 누워 잠들었다.

'누렁이 저 녀석, 우리 집에 와서 호강하네.'

정 목사는 침대에서 마치 사람처럼 큰 대자로 누워서 자는 누렁이을 보며 웃음을 지었다.

그러던 어느 날, 일이 생겼다.

"네? 암이요? 개도 암에 걸리나요?"

의사는 다시 한 번 확인해주었다.

"네, 확실합니다. 당장 수술을 해주지 않으면, 이 강아지는 몇 개월 안에 죽을 겁니다. 상태가 악화되면, 2~3 주 안에도 죽을 수 있구요.”

“그럼, 수술하면 살 수는 있나요?”

“살 확률이 높죠. 약 80% 정도입니다.”

“그럼, 수술비는 어느 정도나….”

“1,000달러쯤 생각하시면 됩니다.”

“뭐라고요. 처… 천 달러요?”

정 목사의 머릿속에는 두 숫자가 동시에 떠올랐다.

‘50달러’, ‘1,000달러’

한국 돈으로 따지자면, 강아지 값은 6만 원 돈. 근데, 그 녀석의 수술비가 120만 원. 강아지 값의 스무 배를 물고 수술을 시켜야 되는가. 고민이 되었다. 그리 넉넉지 않은 형편에 일시불 1,000달러는 적잖은 부담이었다.

‘어쩌지, 아이들에게 대체 뭐라고 얘기해야 할까.’

아빠가 병원에서 돌아오자 아이들은 다그쳐 물었다.

“의사 선생님이 뭐래?”

“얘들아, 누렁이가 암에 걸렸대. 근데, 수술비가 1,000달러도 넘어.”

아이들에게 1,000달러라는 소리는 들리지도 않는 듯했다.

"아빠, 수술 안 하면 죽는 거야? 그럼, 당연히 수술을 해줘야지."

"그렇긴 한데. 얘들아, 수술비가 1,000달러야…."

갑자기 아이들이 아빠를 쏘아보기 시작했다.

"아빠, 누렁이는 이제 우리 가족이에요. 근데, 아빠는 자꾸 돈 얘기만 하세요."

작은 녀석은 울기 시작했다.

"흑흑, 아빠 너무해요. 아빠는 늘 설교시간에 사랑을 베풀라고 말씀하시잖아요. 누렁이한테도 사랑을 베풀어야 되는 거 아닌가요."

이에 질세라 큰 녀석이 결정타를 날렸다.

"아빠, 만일 내가 큰 병에 걸려 비싼 수술을 해야 된다면, 그 때도 아빠는 돈을 먼저 떠올리실 건가요?"

'…'

아빠는 달리 할 말이 없었다.

그렇게 아빠는 아이들과 함께 누렁이의 수술을 결정했다. 누렁이는 암 제거 수술을 받은 후, 하루가 다르게 건강을 되찾았다.

두 아이는 이전보다 더 정성껏 목욕을 시키고 먹을 걸 챙겨주었다. 큰 수술을 이겨낸 애틋함 때문일까. 아이들은 누렁이를 위해 기도를 하고 나서야 잠자리에 들었다.

"하나님, 저희 누렁이 건강을 되찾게 해주셔서 감사합니다. 앞
으로 아프지 않고 건강하고 행복하게 지낼 수 있도록 해주세
요…."

정 목사는 아이들의 기도를 들으며 상념에 잠겼다.

'그래, 맞아. 저 마음이 바로 진짜 사랑의 마음일 거야. 저 강아
지의 가치는 50달러냐, 1,000달러냐의 문제가 아니야. 사랑받는
만큼의 가치가 있는 거야. 누렁이는 두 아이의 전폭적인 사랑을
한 몸에 받고 있어. 그러니, 누렁이의 가치는 그만큼 크고 높은 게
지.'

정 목사는 자신이 겪은 이 일화를 한인 신문에 기고했고, 그 글
은 많은 이들의 가슴에 깊은 울림을 남겼다. 아무리 작은 생명에
게도 귀한 가치가 있음을, 그리고 그 가치를 진심으로 귀히 여기
고 존중하는 삶이야말로 인간다운 삶이요, 더 좋은 세상을 만드는
데 있어서의 초석이 된다는 사실을 일깨워 주었다.

사소한 것을 소중히 여길 때

학교를 졸업하고 직장생활을 시작하면서 가장 가슴 설레는 순간은 언제일까.

자신의 이름이 선명하게 박혀있는 명함을 받아드는 순간이 아닐까. 직장인이라면 누구나 공감할 것이다.

투명 플라스틱 갑에 가지런히 쌓여있는 명함들, 색깔은 왜 그리도 선명하고, 글자 하나하나가 왜 그리 씩씩해 보이는지. 노란 고무줄을 풀고, 뚜껑을 열면 그 특유의 잉크 냄새가 코끝을 스친다. 멋지게 명함을 내밀어보는 연습도 혼자 해본다.

'명함을 누구에게 가장 먼저 줄까' 하는 유치한 고민도 즐겁다. 그러다 결국, 싱겁게 뒷자리의 선배에게 첫 명함을 건네고 만다.

"선배님, 저 명함 나왔습니다."

그러면 선배는 바로 몇 년 전 자신의 모습을 떠올리며,

"야, 이제 진짜 직장인 됐네. 열심히 해" 하면서 어깨를 툭툭 두드려준다.

그 첫 명함의 추억을 누구나 간직한 채, 시간은 흐르고 경력이 쌓인다. 이름은 그대로인데, 직급이 달라지고, 부서명도 달라진다. 가끔은 회사 이름이 바뀔 때도 있다.

나는 명함에 처음으로 '대리'라는 직급이 찍힌 날을 잊지 못한다. 사원 때 명함과 달라진 것이라고는 '대리'라는 두 글자뿐인데, 왜 그리 명함이 묵직하게 느껴지고, 근사해보였는지. 보통 서른 중반은 훌쩍 넘겨서야 달 수 있는 '차장'이라는 타이틀을 이십대에 명함에 찍었을 때도 하늘을 날 것 같았다.

세월이 흘러, 마케팅 회사의 이사 명함도 가졌었고, 연구기관의 원장 명함도 가졌었다. 지금은 대학 교수라는 명함을 갖고 있다.

명함만으로도 나의 역사를 말할 수 있을 정도로 명함은 나의 사회생활을 빠짐없이 함께 한 친밀하고 소중한 존재이다. 명함은 나의 얼굴이기도 했고, 나의 또 다른 신분증이기도 했다. 더 나아가 나의 자존심이기도 했다. 내가 그래왔고, 지금도 그렇듯이, 명함을 갖고 있는 이 땅의 모든 사람들은 나와 비슷한 생각과 감정을 갖고 있을 것이다.

그러므로 비즈니스 현장에서 마주치는 상대방이 그 누구이든,

그 역시 자신의 명함에 대해 커다란 애정을 갖고 있다는 사실을 잊어서는 안 된다.

그렇기 때문에 상대방으로부터 명함을 받을 때는 공손히 받고, 소중하게 보관해야 한다. 명함을 세심하게 다루는 동작 자체가 상대방을 진심으로 존중하고 있음을 말해주는 행동이다.

명함은 마치 보물을 다루듯 정성껏 다루어야 한다.

받을 때는 공손히 두 손으로 받고, 받은 후에는 충분히 명함의 내용을 눈으로 읽어야 한다. 이름은 물론이고, 회사명, 부서명, 회사의 위치 정도는 한눈에 파악해야 한다. 그러면서 명함으로부터의 화제를 하나 정도 이야기하는 것이 좋다.

예를 들어, 상대방의 이름이 독특하다거나 두드러질 경우, ‘성함이 참 특이하시네요. 한번 들으면 오래 기억되겠는데요’ 정도가 무난하다.

이름에 대해 얘기를 하나 던진다는 것이 오히려 상대방의 기분을 상하게 할 수 도 있으니 주의할 필요도 있다. 이름이 다소 우스꽝스럽다고 해서 ‘이름 때문에 놀림깨나 당하셨겠는데요?’라거나, 희성일 경우에 "이런 성씨는 처음 보는데, 한국 성씨 맞아요?" 같은 말은 삼가야 한다.

회사 위치에 대한 대화도 좋다. 자신이 잘 아는 지역일 경우에는 '아, 사무실이 삼성역 근처네요. 저도 그 근방에서 한 3년 정도 근무한 적이 있거든요' 하면서 해당 지역에 대한 이야기를 간단히 나누는 것도 좋다. 혹은 회사의 주소가 전혀 생소한 곳일 경우에는 '부암동은 제가 처음 듣는데, 종로구 어디쯤에 있는 건가요?' 정도로 가볍게 묻는 것이 좋다.

이후에는 명함을 자신의 명함 지갑 안에 살며시 넣어두는 것이 좋다. 대화가 끝날 때까지 테이블 위해 가지런히 올려놓아도 좋지만, 주의할 점이 있다. 명함 위에는 절대 컵, 수첩 등 잡동사니를 올려놓아서는 안 된다. 또한, 대화가 끝나고 테이블을 떠날 때는 반드시 명함을 챙겨서 안주머니에 넣는 것을 잊어서는 안 된다.

성의 없이 다이어리 사이에 푹 끼워 넣는 모습이나, 아예 테이블에 방치되어 있는 모습을 보여주는 것은 큰 결례이다.

명함을 주고받을 때 예기치 못한 상황이 발생할 수도 있다. 가령, 상대방이 여러 명이고, 그들 모두에게서 명함을 받았을 때는 그 처리방법이 어렵다. 그냥 주는 대로 주섬주섬 챙겨서 테이블

에 쌓아놓아서는 안 된다. 이때는 우선 차례대로 명함을 교환하면서 얼굴과 이름을 매치시켜서 외운다. 그러나 뛰어난 기억력의 소유자가 아닌 이상 쉽게 외워지지 않을 것이다. 그럴 때는 테이블에 상대가 앉아있는 순서대로 명함을 나열해놓고, 상대를 호명할 때 명함을 살짝 보면서 이름과 직함을 불러주는 것이 좋다. 물론, 깔끔히 외워서 부르는 것이 가장 좋겠지만, 혹시나 이름과 직급을 혼동해서 부를 경우,(예를 들어, 김철수 부장을 쳐다보면서, '이영호 대리님은 어떻게 생각하세요'라고 물었다고 생각해보라. 아찔하다.) 신중하지 못하거나 무성의한 사람으로 비춰지게 된다.

가끔은 명함에 어려운 한자이름이 적혀 있거나, 발음을 어떻게 해야 할지 모를 영문이름이 써 있는 경우를 접한다. 이런 경우에는 당황하지 말고 우선, 살짝 명함을 넘겨 뒷면을 본다. 많은 경우 뒷면에 한글로 이름이 표기되어 있기 때문이다. 그러나 뒷면에 아무것도 인쇄되어 있지 않을 경우에는, 솔직하게 묻는 게 최상의 방책이다.

'죄송합니다만, 제가 한자를 많이 알지 못해서 그러는데, 성함의 마지막 글자가 어떻게 되시나요?'

'성함을 어떻게 발음해야 정확할까요. 제가 혹시 실수할 수도 있을 것 같아서요.'

이렇게 물으면, 상대방은 흔쾌히 알려줄 것이다.

'이런 사소한 일 따위에 누가 신경이나 쓰겠어?'

우리는 가끔 작고 사고하고 하찮은 일에 대해 세심하게 주의를 기울이는 대신 무신경하게 넘기거나 무시해버리곤 한다. 그리고 누가 보더라도 크고 근사하고 표시 나는 일에 매달린다. 그래야 자신이 남들보다 돋보일 거라는 믿음 때문이다. 그러나 그 믿음은 실제와 다르다. 특히, 인간관계에서 그 사람을 돋보이게 하는 것은 상대방의 아주 작은 부분까지 배려하고 챙겨주는 세심함에 있다.

상대의 작은 부분에는 눈에 보이지 않는 것들도 얼마든지 있다. 한 예가 상대방의 기호이다. 어떤 이는 시끌벅적한 식당에서 국밥 한 그릇 후루룩 말아먹는 게 편할 수도 있지만, 또 다른 이는 조용하고 격식이 차려진 레스토랑에서의 정찬이 편할 수 있다는 것이다. 각자의 다른 기호를 무시하고 그저 내가 내키는 대로 접대할 경우, 오히려 접대를 안 하느니만 못한 역효과가 날 수도 있다.

사람이란 결국 사소한 것들의 합이다. 누군가와 그냥 아는 사이를 뛰어넘어 정말 특별하고 긴밀한 사이로 발전하고 싶다면, 그를

266..

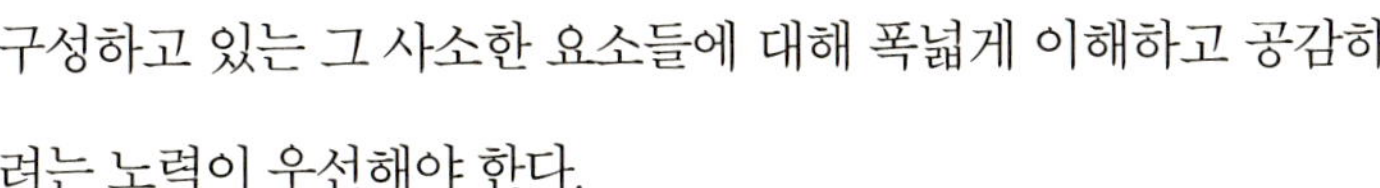

구성하고 있는 그 사소한 요소들에 대해 폭넓게 이해하고 공감하려는 노력이 우선해야 한다.

즉, 그 사람과 진심으로 통하고 싶다면, 사소하지만 소중한 물건, 사소하지만 익숙한 습관, 사소하지만 몰입하는 취미, 사소하지만 소중한 기념일, 사소하지만 의미 있는 장소, 사소하지만 아름다운 추억들을 함께 나누고 함께 공유하라.

사랑이란 결코 거창한 것을 요구하지 않는다. 명함 한 장을 소중히 챙기는 것 역시 작은 사랑의 행위임에 틀림없다.

'당신을 믿는다'는 말

식품회사에 다니는 김 대리의 아우성이 아직도 귀에 들리는 듯하다.

김 대리의 말인즉슨, 장 과장이라는 상사가 한 명 있는데, 그는 도무지 아랫사람을 신뢰하지 않아 무슨 일이든 자기가 꿰차고 있어야 직성이 풀린다는 이야기.

한번은 그가 한 달 동안 심혈을 기울여서 '신 시장 개척을 위한 마케팅 전략 기획안'을 작성한 후에 기대에 부푼 마음으로 장 과장에게 보고를 올렸다고 한다. 성의 없이 기획서를 휘릭 넘겨보더니만, "갑자기 이걸 왜 하자고?" 하더란다.

자존심이 조금 상했지만, 장 과장의 스타일을 알고 있던 터라, 더욱 당당하게 '지금 우리 회사 매출이 정체상황입니다. 뭔가 매출성장을 위한 돌파구가 필요합니다. 그래서 새로운 유통, 새로운

소비자를 찾아 나서자는 의도입니다'라고 말했다.

장 과장은 딱히 할 말을 찾는 듯 머뭇거리다가, '의도는 그렇다 치고, 기획서가 이게 뭐야. 난잡스럽기만 하잖아. 대리 정도면 이래선 안 되지. 알았어, 가봐' 하더란다.

김 대리는 내 앞에서 이렇게 하소연했다.

"상사 눈에는 부족한 게 먼저 보이겠죠. 당연합니다. 인정해요. 그렇더라도, 한 가지 장점이 보이면 그 가능성이라도 인정해줘야 하는 거 아닌가요. 저는 늘 무시당하는 기분입니다. 신뢰받지 못한다는 자괴감도 들구요."

내가 보기에도, 장 과장이라는 사람의 처사가 지나쳐 보였다. 자기 부하직원의 성장을 위한다면, 좀 더 너그럽게 지켜보며 보다 발전된 기획서를 쓸 수 있도록 이끌어주면 좋았을 텐데 하는 아쉬움이 남았다.

순간, 내가 몸담고 있는 학교의 상황이 떠올랐다.

"교수님, 선배들이 도와주는 건 좋은데요. 우리한테 맡겼으면 더 좋겠어요."

의아해하는 내 표정을 읽고서는 덧붙여 설명했다.

"우리도 나름대로 몇날 며칠을 고생해서 아이디어 회의하고, 기획서 쓰고, 서로 브리핑 해가면서 준비를 했다구요. 그런데 그 동안 한 번도 나타나지 않던 선배들이 행사 전날 나타나서는 '야, 이렇게 하면 어떻해!' 하면서 맘대로 이렇게 저렇게 바꿔놓는 거예요. 저희가 어쩌겠어요. 선배는 선배니까, 어쩔 수 없이 시키는 대로 해야죠. 그런데, 그렇게 바꿔서 진행을 하다보면, 또 그 윗선배가 나타나요. '야, 이래선 안 돼. 내 말대로 바꿔' 하면서 또 뒤집어 놓는 거예요. 이걸 진정한 도움이라도 봐야 할까요. 저희는 이해가 잘 안 돼요."

부족하고, 어리숙하기에 아랫사람 아닌가. 또 그렇게 부족한, 어설픈 결과를 통해 스스로 배우고 깨우치는 게 교육이 아닐까. 그래야 진짜 성장이 이뤄지는 게 아닐까. 교육이란 모름지기 적절한 타이밍과 단계별 성취가 가장 중요하다고 본다.

김 대리는 흥분하며 말을 이었다.

"더 황당한 건 말이죠. 그 장 과장이라는 사람, 혼자 끙끙대고 며칠 기획서를 만들더니, 저한테는 보여주지도 않고, 사장실로 보고를 하러 가더라구요."

순간 내 머릿속에는 하나의 직감이 떠올랐다. 그 직감이 어긋났으면 좋으련만.

"며칠 후, 사장이 팀장급 회의에서 이랬대요. 장 과장이 제안한

신규 프로젝트를 전사적으로 지원키로 했으니, 각 담당 임원은 물론, 각 부서 팀장들은 적극 협조 하라구요. 그 신규 프로젝트가 뭔 줄 아세요? 제 기획안 내용을 그대로 베낀 거였어요. 살만 조금 덧붙인 정도였죠."

불신의 관계가 배신으로까지 간 상황이었다.

"제가, 예전에 읽은 책 중에 〈총각네 야채가게〉가 있는데요. 그 저자이자 총각네 야채가게 사장이 생각났어요. 원래, 이벤트회사에 다녔대요. 근데 자기가 쓴 기획서를 위에 선배가 가로채 자기 공적으로 쌓는 모습을 보고 환멸을 느껴서 다음날 회사를 때려치웠답니다. 그리고 한강으로 가 시간을 보내다가 오징어 장수를 보고서는 자기도 한번 팔아볼까 싶어, 몇 마리를 돈 주고 사서 팔았다죠. 그게 발단이 되어서, 오징어 장수로 나섰죠. 그러다가, 야채가게로 품목을 바꿔서 대성공을 거둔 스토리에요."

나도 익히 잘 알고 있었지만, 잠자코 들어주었다. 지금 그에겐 누군가 이야기를 들어줄 사람이 필요했기에.

"저도 그만둬야 할 거 같아요. 오징어든 야채든 노력한 만큼 보상이 오는 장사를 하려구요."

윗사람인 장 과장이 조금만 신경 써서 김 대리를 이끌어주었다면, 이렇게 깊은 상처를 주지 않았을 텐데 지켜보는 내 마음까지 아파왔다.

순간, 학생들의 외침까지 울려와 내 마음은 더욱 쓰렸다.

"다음 학과행사가 곧 닥쳐오는데요. 이제 아무도 선뜻 나서지 않아요. '그거 왜해. 고생만 죽어라 하고, 이사람 저 사람한테 욕만 먹잖아' 이러면서요."

자신의 결점은 보지 못하면서 왜 남의 결점은 그렇게 잘 찾아내는 걸까. 누구나 그렇듯이 남의 결점은 찾아내지 않아도 아주 쉽게 눈에 띈다. 그러면 자연히 그것을 지적하게 되고, 바로잡고자 싫은 소리를 하게 된다. 그럼, 본인의 결점은? 물론 없어서가 아니라, 심리적 방해로 인해 잘 볼 수가 없다. 그러기에 자기의 결점은 결코 인정하려 들지 않는 것이다.

심리학 이론에 의하면 이는 '긍정적인 착각'과 '희망적 사고' 때문이다. 다음과 같은 예가 이를 설명한다.

— 자신의 운전 실력이 어느 수준이냐는 질문에 82%의 사람들은 자기가 상위 30% 안에 속한다고 대답했다.

— 하버드 경영대학원 학생들의 86%는 자기의 외모가 다른 학생들보다 낫다고 대답했다.

— 민사소송을 담당하는 변호사의 68%는 자기가 소송에서 이길 것이라고 생각하고 있었다.

— 새로이 창업한 경영자의 81%는 자기의 사업이 성공할 확률은 70% 이상이라고 평가했다. 반면, 같은 업종에서 창업한 다른 사람들의 성공확률은 39% 정도에 머물 것이라고 예측했다.

(이철우, 〈관계의 심리학〉 중에서)

대부분 사람의 마음속에는 '나는 남들보다 잘 났고, 능력도 뛰어나며, 어떤 일을 하던 술술 잘 풀릴 것'이라는 믿음이 있다. 이러한 자기 과신은 결과적으로 자신의 결점에는 눈을 감게하고, 반면 남의 결점에는 눈을 부릅뜨게 만든다.

이러한 오류를 바로잡고, 바람직한 관계를 형성하기 위해서는 우선적으로 자신의 결점을 객관적으로 찾아내 교정하는 한편, 상대의 결점은 덮어주고 장점을 높이 사주는 아량을 베풀어야 한다.

사람 마음은 똑같다. 다섯 살 아이나 마흔 살 중년이나 주변사람으로부터 인정받고 싶어 한다. 비록 부족하고, 또 그 부족한 부분을 지적받더라도 다른 부분, 조금이라도 나아진 부분에 대해서

만큼은 단 한마디만이라도 칭찬 받고 싶은 것이다. 상대방의 인정
과 믿음을 바라는 것은 인간의 본능이다.

오늘부터 마주치는 '그들'을 향해 인정의 멘트를 날려주자. 아
무리 작은 부분이라도 열심히 찾아내서. 그리고 '나는 당신을 믿
는다'고 이야기해주자. 알고 있겠거니 미루어 짐작하지 말고.

그와 나를 결속시키고 동시에 동반 성장시키는 가장 강력한 추
진 에너지는 인정과 믿음이 담긴 진심의 한마디임을 잊지 말자.

함께 즐거워하는 경지

'사촌이 땅을 사면 배가 아프다'

속담이 그저 속담으로만 그치면 좋으련만, 살다보면 이처럼 꼭 들어맞는 속담이 또 있을까 싶을 정도다. 이런 촌철살인의 우스갯소리도 있다.

낚시꾼들이 가장 기분 좋을 때는 언제일까? 큰 고기를 낚았을 때?

천만에, 낚시꾼이 가장 기분 좋을 때는 '바로 옆에 낚시꾼이 큰 고기를 잡았다가 안타깝게 그만 놓쳐버릴 때'라고 한다.

대형 평수로 이사 간 친구, 고속 승진한 동기, 주식으로 대박을 친 친구, 부자집으로 시집간 후배 등 배를 아프게 하는 이들의 소식은 굳이 묻지 않아도 이상하게 귀에 잘 들어온다.

남과 비교하는 습관이 나쁜 줄은 알지만, 왠지 남들의 지위나 수준, 소유 정도에 대해 알게 되면 나의 그것과 단순 비교를 하게 된다. 자기가 남보다 나으면 다행이지만 그들보다 못하고 또 격차가 크다고 느끼는 순간 자기도 모르게 치밀어 오르는 시기, 질투, 자괴감, 상대적 박탈감에 속수무책으로 무너지기 일쑤다. 나 역시 그로부터 자유롭지 못하다.

돌이켜 보면, 내가 첫 차를 구매할 당시에도 순수하게 나의 필요에 의해서라기보다는 친구가 중형차를 뽑는 걸 보고, '나라고 왜 안 돼' 하며 친구와 같은 모델의 중형차를 덜컥 사버렸던 기억이 난다. 정말 그때는 기름 값, 보험료 등과 같은 유지비용도 생각지 않고 일을 저질렀다. 더욱 가관인 것은 난 그 당시 말 그대로 왕초보 운전자였다. 차를 뽑던 날 식은땀을 줄줄 흘리며 겨우겨우 집으로 운전을 해오던 내 모습이 아직도 기억에 생생하다.

또 이런저런 시기와 질투에 빠졌던 적이 얼마나 많았던가. '그것은 인간의 본성이니 어쩔 수 없어' 하고 넘어가고 싶으나 그럴 수 없다. 왜냐하면, 대다수 사람이 질투심을 느낄 때, 질투는 커녕 진심으로 축하하고 함께 즐거워하는 이들도 분명 존재하기 때문이다.

남이 잘된 일을 진심으로 기뻐하고 반기는 그런 이는 까만 밤의 북극성처럼 빛나 보이기 마련이다. 그런 너그러운 마음과 대범한 행동 하나만으로도 그는 뭇사람들의 존경과 사랑을 한 몸에 받기에 충분하다. 얼마 전 그런 분을 한 명 더 알게 되었다.

나의 제자 중 한 명이 대학생 공모전에서 대상을 수상한 일이 있었다. 학과의 경사인 동시에 학교 전체의 경사일 수도 있겠다 싶어 학교 그룹웨어의 교수 게시판에 다음과 같은 글을 올렸다.

제 목: 이벤트연출과 〈OO 대학생 마케팅 공모전〉 大賞 수상 !!

안녕하십니까. 이벤트연출과 하우석입니다.
저희 과에서 알려드리고 싶은 소식이 있어
이렇게 몇 자 적어봅니다.
〈OO 대학생 마케팅 공모전〉 본선(프레젠테이션 심사)에서
저희 과 1학년 OOO 군이 대상의 영예를 차지했습니다.
(중략)
당분간 제 잇몸이 좀 보이더라도 이해해 주십시오.^^
감사합니다.

글을 올린 다음날 게시판에 가보니, 한 교수님이 이런 댓글을
달아주었다.

통상 '마케팅 공모전'에는 전국 대학의 내로라하는 인재들이
벌떼처럼 달려드는 것으로 알고 있습니다.

그것도 머리 좋은 상경계, 신방과 출신들이 말입니다.

그런데 거기서 대상을 차지했다니….

쟁쟁한 작품들도 많았을 텐데 전체에서 일등이라니….

도무지 믿기지 않을 일입니다.

뒤에 분명 뭔가가 있는 것 같습니다.

보이지 않는 곳에서 불철주야 지도해준 누군가의 땀,

같은 목표를 향해 놀라운 집중력으로 한 몸이 되었을 그와 그의 제자,

그동안 쌓아왔던 이벤트연출과의 놀라운 응집력과 폭발력.

그런 비밀이 없었다면 도저히 불가능했을 일입니다.

부럽습니다. 아니, 부끄럽습니다.

자신의 게으름과 부족함을 설익은 제자 탓으로만 돌렸던 저,

학생이 최우선이 되어야 함에도 무엇이 진정으로

학생을 위한 일인지 깨닫지 못했던 저, 지도자로서의 열정을

쏟아야 함에도 정치나 로비에만 신경을 곤두세웠던 저.

하지만 가끔씩 이런 놀라운 결과를 일궈내시는 분들이

바로 옆에 있다는 사실만으로 그저 뿌듯할 따름입니다.

축하드립니다.

정말 기대하지 못했던 '황송한' 댓글을 읽자 내 가슴은 뜨거워지기 시작했다. 물론, 그 전에도 훌륭한 교수님으로 알고 있었지만, 이 글을 보자 나도 모르게 깊은 존경심과 애정이 샘솟았다. 그분은 마치 자기 일처럼 함께 기뻐해주었다. 나는 한동안 몽롱한 감동 상태에 빠진 채 기분 좋은 시간을 보낼 수 있었다.

지금 이 글을 쓰면서도 그분의 선한 얼굴이 떠오르면서, 다시 가슴이 따스해져 옴을 느낀다. 이것이 진심이 만들어낼 수 있는 인간관계 최고의 경지 즉, '동락(同樂)'의 경지가 아닐까.

나눔이
꽃마음
부자

별이에게 보내는 마지막 편지

흰 종이를 마주하고 앉은 지 한참이 지났어. 무슨 말을 먼저 써야 할지 몰라서. 이제 마음이 조금 진정이 된 듯해.

아마 니가 지금 내 앞에 있다면, 이 아빠를 따뜻하게 안아주겠지.

'아빠, 걱정마세요. 아빠는 아픔도 없고, 슬픔도 없는, 행복한 나라에 갈 거니까요' 하면서 말이야.

그래, 이제 나는 마지막 편지를 쓰는 거야. 아마 네가 이 편지를 읽을 때 쯤 나는 이미 아픔도, 슬픔도 없는, 행복만 가득한 나라에 가 있을 거야.

그래도 이렇게 아쉬움이 남는 건, 이렇게 마음이 아픈 건 숨길 수가 없구나. 너와 함께 한 시간이 나에겐 너무나 행복했기 때문이야. 과연 이보다 더 행복할 수 있을까, 할 정도로 내가 느낄 수 있는 최고의 행복을 너와 함께 나누었으니까. 어쩌면 그것만으로도 나는 큰 선물을 받았는지 몰라. 이제는 그 선물을 가슴에 묻어 두어야 할 것 같아.

너는 나에게 친구였어.

함께 산책을 하고, 함께 책을 읽고, 함께 산을 오르고, 함께 수영을 하고, 함께 웃고, 함께 울고….

너가 새로운 것을 만날 때, 나는 늘 안내자였지. 아기때는 분명 겁쟁이였는데, 어느새 나보다 더 용감해졌어.

기억나니? 산을 오를 때, 아빠가 '거긴 위험해. 바위에 오르다 떨어질 지도 몰라' 하면서 마음 졸일 때, 너는 보기 좋게 바위를 타고 올랐지.

'아빠, 이거 별거 아닌데' 하면서 웃던 모습.

그 때 하늘은 너무도 파랬고, 단풍은 붉었고, 너는 당당했지.

그래, 그 모습처럼 앞으로도 당당하게 살아주길 바랄게. 이 아빠가 천국에서 지켜볼게. 그리고 지켜줄게. 위험할 때 아빠가 소리칠게. 꼭 들어야 돼.

너는 내게 선생님이었어.

오직 내 자신만 생각하며 살던 나였는데, 나 아닌 누군가를 위해 내 몸이라도 바치고 싶은 그런 마음을 갖게 해주었으니까.

너는 아마 기억하지 못하겠지만, 너는 심장이 많이 아팠어. 수술을 당장 해야한다고 의사가 얘기할 정도였으니까.

할 수만 있다면 너가 아닌 내가 대신 아팠으면 했어. 너의 심장이 아니라 나의 심장에 문제가 생겼으면 했어. 네 대신에 내가 병원에 누워있었으면 했어.

그제서야 깨달았지. 아, 나에게도 이렇게 나 아닌 다른 사람을 위한 희생의 마음이 존재하고 있었구나 하는 사실을. 그렇게 너는 나에게 깨우침을 주었어.

그뿐이 아니야. 너는 나에게 삶이란 무엇인지. 풍요로운 삶이란 무엇인지 가르쳐 주었지. 너의 그 작은 몸짓 하나, 까르르 웃는 웃음 소리 하나에 눈과 귀를 모으면서 '이것이야말로 살아가는 재미구나' 하고 깨달았지. 그 전에는 그저 일, 또 일, 일밖에 모르는 사람이었으니까. 아마 너를 만나지 않았다면, 인생의 의미를 반의반도 모르는 채 혼자 잘난 척하며 살아왔겠지. 생각만 해도 아찔할 정도야.

너는 하나님이 내게 주신 큰 축복이야.

인간적인 욕심으로는 그 축복을 10년, 20년 더 누리고 싶지만, 이제는 그 욕심을 내려놓아야 할 것 같아. 지금까지만으로도 큰 축복이었다고, 나에게 과분할 정도의 축복이었다고, 그렇게 생각하려고 해.

엄마가 많이 외로워할 거야. 문득 문득 눈물을 흘릴지도 몰라. 그럴 때, 네가 엄마를 위로해주었으면 해. 물론, 네 마음도 아프겠지만.

아니야. 울고 싶을 때는 같이 우는 게 낫겠다. 엄마가 울면, 너도 울고 싶어질 테니까. 그래, 그렇게 같이 울어. 그러면 속이 좀 시원해지겠지. 그래도 이건 꼭 약속할게. 나 하늘나라에서 행복하게 잘 살고 있을게. 그러니까 그런 나를 생각하면서 슬픔은 조금만 가졌으면 해.

아직 가보지 않았지만 하늘나라에 대한 기대가 돼. 내가 먼저 가서 좋은 구경 많이 하고 있을 테니까. 많이 걱정하지 마. 너도 잘 알다시피 아빠는 원래 혼자서도 잘 놀잖아.

이제 정말 마지막 인사를 해야겠다.
나에게 진정한 의미의 행복을 안겨줘서 정말 고마워.
우리는 이 세상에서 가장 행복한 부녀라고 아빤 믿어.

이 믿음 간직하고 갈게.

항상 즐겁게 지내길 바랄게. 아니, 아빠가 꼭 그렇게 지켜줄게.

안녕.

— 아빠가

(교양과목 강의 내용 중 '유서쓰기'가 있다. 학생뿐 아니라 교수인 나도 유서를 쓰고 낭독을 한다. 지난 학기에 쓴 유서 중 일부다. '후회 없이 사랑하자'는 다짐을 하게 된다.)

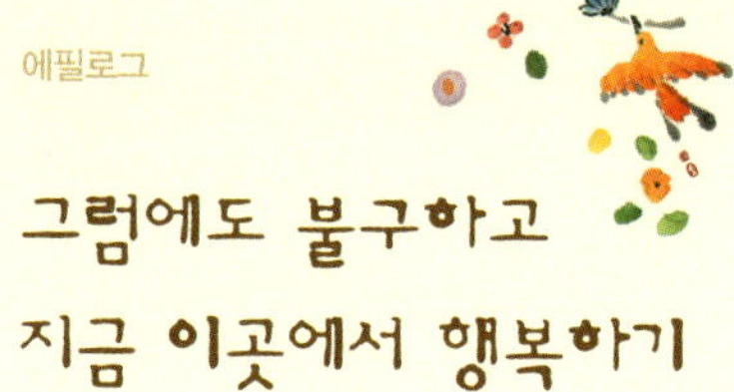

그럼에도 불구하고
지금 이곳에서 행복하기

내형제들이여,
여러 가지 시험을 만나거든
온전히 기쁘게 여기십시오.

여러분이 알다시피 여러분의 믿음의 연단은

인내를 이룹니다.

인내를 온전히 이루십시오.

그러면 여러분이 온전하고 성숙하게 돼

아무것에도 부족한 것이 없게 될 것입니다. (야고보서 1: 2~4)

우리 앞에는 무수한 시험들이 놓여있습니다.

여러 가지 시련과 어려움, 고통과 두려움, 걱정과 근심 등.

이 모든 것들을 아무렇지도 않은 듯

가볍게 이겨낼 수만 있다면 얼마나 좋을까요.

모든 시험은 아프고 힘들고 괴롭습니다.

하지만 그 시험을 아주 조금만이라도 기쁘게 여겨보고,

또 잠깐만이라도 즐겁게 받아들여보는

연습을 해보면 어떨까요.

그러다 보면 나도 모르는 사이 조금씩

인내의 힘을 키우게 될 것입니다.

이렇게 자라난 인내의 힘은 마침내

'온전하고 성숙하게 돼 아무것에도 부족한 것이 없는'

그런 사람이 될 것입니다.

비바람이 세게 몰아칠수록

나무는 더욱 깊고 넓게 뿌리를 내린다고 합니다.

사람도 똑같습니다.

시련과 고통 속에서 우리는 나약함을 벗어나

더욱 강인하고 지혜로운 사람으로 우뚝 서게 될 것입니다.

오늘부터 새로운 마음으로 도전해봅니다.

'그럼에도 불구하고

지금 이곳에서 행복하기'

하우석